¿Por qué mi hijo no come?

Grupo ROBIN BOOK

Barcelona - México
Buenos Aires

¿Por qué mi hijo no come?

Susan Benjamin

ROBIN
BOOK
nuevos padres

© 2012, Susan Benjamin

© 2012, Ediciones Robinbook, s. l., Barcelona

Diseño de cubierta: Regina Richling
Fotografía de cubierta: iStockphoto
Diseño interior: Josep Febrer
ISBN: 978-84-9917-135-7
Depósito legal: B-176-2012

Impreso por Novagràfik, S.L
Pol. Ind. Foinvasa - Molí d'en Bisbe
C/ Vivaldi, 5
08110 - Montcada i Reixac

Impreso en España - *Printed in Spain*

Sumario

Sumario

Introducción

Una de las cosas que más suele preocupar a los padres es el tema de la alimentación de los hijos. Durante las primeras semanas de vida del bebé un gran número de conversaciones y dudas giran entorno a la comida: si el bebé mama bien, si se queda con hambre, si aumenta de peso y de talla, etcétera. Luego, alrededor de los seis meses, la introducción de los sólidos, y por tanto la diversificación de su dieta, se convierte en uno de los temas estrella. Y de hecho está perfectamente justificado, ya que es en este período cuando se gestan la mayoría de conductas erróneas que pueden acabar generando problemas. Por eso considero que es muy importante leer este libro antes de que llegue ese momento fatídico. Porque la mayoría de errores que cometen los padres son fruto de la falta de información y la ausencia de estrategias claras. Es muy poco probable que un padre haga algo a sabiendas de que puede ser perjudicial para su hijo. Pero por desgracia muchos cometemos equivocaciones que podrían haberse evitado y que pueden desencadenar trastornos más o menos graves en nuestros pequeños.

En cualquier caso, es evidente que la alimentación es esencial para la vida y que si la dieta de tu hijo es equilibrada y sana tiene muchas más probabilidades de desarrollarse de forma óptima y gozar de buena salud tanto en el presente inmediato como en el futuro. Por tanto, vale la pena tomarse en serio este tema. Piensa que si tus hijos aprenden desde su más tierna infancia lo importante y beneficiosa que puede ser una dieta saludable para su desarrollo vital, si interiorizan desde el principio unos buenos hábitos, les resultará más fácil conservarlos durante la edad adulta y disfrutarán de una vida más sana y dichosa.

La verdad es que la sociedad en la que vivimos y el tipo de vida que llevamos no nos facilitan demasiado las cosas. Cada vez disponemos de menos tiempo para cuidarnos y además la televisión, las revistas e Internet nos bombardean con mensajes publicitarios falsos y con anuncios de comida basura o poco aconsejable. Alimentarse bien puede parecer una tarea muy complicada. Pero yo te aseguro que es posible y eso es lo que intento demostrarte a lo largo del libro.

Tampoco debes desanimarte si tu hijo ya está un poco crecidito y sigue manifestando conductas erróneas. Es verdad que los buenos hábitos resultan más fáciles de aprender durante la primera infancia y que si las cosas se hacen bien desde un principio todo resulta mucho más sencillo. Pero eso no quiere decir que no puedan enmendarse los errores. Sea cual sea el problema o el trastorno que padece tu hijo seguro que hay algo que puedes hacer para mejorar la situación y, con el tiempo, llegar a solucionarla.

El objetivo de este libro no es abrumarte con datos y pautas difíciles de cumplir, sino proporcionarte algunas herramientas e informaciones básicas que te permitan afrontar el problema de forma eficaz y con la mínima dosis de estrés y dudas.

El libro se estructura en cuatro grandes apartados. En el primero intento explicar a partir de algunos aspectos básicos por qué es tan importante el tema de la alimentación. El segundo apartado recoge los principales problemas relacionados con la alimentación, es decir, los trastornos alimentarios más comunes. En cada capítulo se trata un tema concreto, desde los niños que se niegan a probar alimentos nuevos o que no incluyen ninguna verdura en su dieta hasta aquellos que sufren problemas como la bulimia o la anorexia. El tercer bloque intenta ofrecerte estrategias y soluciones prácticas para afrontar todos esos problemas y trastornos relacionados con la alimentación. Finalmente, el libro incluye un último apartado en el que encontrarás algunos juegos, actividades y recetas que puedes realizar con los niños para introducirles de un modo ameno e instructivo en el mundo de la alimentación y la nutrición. Mi consejo es que hagas una primera lectura de todo el libro, para asimilar los conceptos e informaciones básicos. Sin embargo, una de las ventajas que ofrece este volumen es que los distintos capítulos o apartados pueden leerse de forma desordenada, acudiendo primero a aquellos que más te interesen o que traten el problema que afecta a tu hijo en concreto. La cuestión es que te sirva de ayuda y de guía, y que puedas ayudar a tu hijo a desarrollarse correctamente y a superar cualquier trastorno que pueda estar afectándole.

Con esa intención lo he escrito. Y recuerda, en temas de alimentación, casi todo tiene solución.

Primera parte

POR QUÉ ES IMPORTANTE LA ALIMENTACIÓN

1

El niño y la alimentación: nociones básicas

La infancia supone, tanto en lo que concierne al desarrollo físico como al psíquico, la etapa más importante de la vida de un ser humano. Por eso resulta fundamental que los niños aprendan a comer de una forma apropiada y saludable desde la más tierna infancia. Si adquieren unos buenos hábitos de pequeños les costará menos mantenerlos durante la adolescencia y también en su vida adulta.

El niño empieza a adquirir los hábitos alimentarios a partir de los 3-4 años, aunque todo lo que aprende antes le sirve como pauta. Alrededor de los 11-12 años dichos hábitos deberían estar bien establecidos y empezar a consolidarse de forma definitiva.

Paralelamente a una buena alimentación, es importante que inculquemos a nuestros pequeños la práctica activa y regular de algún deporte o actividad física. La ausencia de ejercicio favorecida por una sociedad que se ha vuelto sedentaria entorpece enormemente el buen desarrollo de los niños y favorece la aparición de trastornos tales como la obesidad y el sobrepeso.

Sin embargo, nuestra actitud frente a todo esto no debe ser la preocupación ni la alarma. Lo que debemos hacer es reflexionar sobre ello e intervenir de inmediato para mejorar los hábitos alimenticios de nuestros hijos. Y para poder hacerlo en condiciones primero debemos asimilar algunas nociones básicas relacionadas con la alimentación.

Algunas razones por las que la alimentación es importante

✔ Comer es una necesidad fisiológica fundamental para el correcto desarrollo de un niño. Si tu hijo aprende a comer adecuadamente desde su más tierna infancia le costará mucho menos adquirir unos hábitos saludables.

✔ La única forma de conseguir la energía que necesitamos para hacer frente a la actividad diaria es comiendo.

✔ Si nos alimentamos correctamente podremos crecer adecuadamente, desarrollar nuestras capacidades cognitivas y prevenir las enfermedades.

✔ Los niños están preparados para aprender a comer de todo y hacerlo de forma adecuada. Los padres tenemos la responsabilidad de enseñarles a hacerlo bien, del mismo modo que les enseñamos a controlar sus esfínteres o a dormir solos.

✔ Con una buena alimentación tus hijos disfrutarán de una mayor calidad de vida y serán más longevos.

Los distintos nutrientes que componen los alimentos

Todos sabemos que los alimentos contienen sustancias como las proteínas, los hidratos de carbono, las grasas, la fibra, las vitaminas y los minerales. Pero, ¿en qué consisten realmente estas sustancias y para qué sirven?

Las proteínas

Las proteínas son esenciales para la vida ya que el crecimiento depende de ellas y son imprescindibles para el buen funcionamiento celular. Además, se encargan de formar los anticuerpos que protegen al organismo de las infecciones. La necesidad de proteínas es pues mayor durante la infancia que en la edad adulta.

- Los lactantes necesitan un alto índice de proteínas. Esta necesidad disminuye luego y vuelve a aumentar durante la pubertad.
- Los chicos necesitan un mayor aporte de proteínas entre los 14 y los 17 años, período durante el que experimentan un mayor desarrollo.

- Las chicas necesitan un mayor aporte de proteínas entre los 10 y los 12 años, período en el que más se desarrollan y que precede a la aparición de la menstruación.

Los hidratos de carbono

Los hidratos de carbono proporcionan una cantidad muy importante de la energía que necesita el cuerpo para realizar las distintas funciones y actividades. Los niños deben ingerir más hidratos de carbono complejos, como los de los cereales, las legumbres y las patatas, que simples, como los del azúcar, la miel o los pasteles. La dieta de nuestros hijos debe incluir cereales integrales ya que estos conservan todos sus componentes frente a los más refinados, que pierden parte de ellos en el proceso.

- Entre un 50 y un 60 % del aporte energético de los más pequeños debe proceder de este grupo de alimentos.
- La dieta de los niños debe incluir una gran cantidad de legumbres, pasta, arroz y pan.
- Este tipo de alimentos tienen un bajo contenido graso y son ricos en vitaminas del grupo B y en minerales.
- La dieta del niño no debe contener más de un 10% de carbohidratos simples tales como el azúcar.
- Debes reducir a un consumo ocasional la bollería, los refrescos, los pasteles, las chucherías, etc

La fibra

La fibra es importantísima porque ayuda a prevenir el estreñimiento y facilita el buen funcionamiento del aparato digestivo. Además, ayuda a regular los niveles de colesterol y de glucosa. La fibra abunda en las verduras, las frutas, las legumbres, las patatas y los cereales integrales.

Las grasas

Las grasas nos ayudan a mantener el calor corporal pero en exceso son perjudiciales y pueden ser la causa de numerosas patologías y enfermedades. Las grasas saturadas, presentes en las carnes, los embutidos, los huevos, el aceite de palma y de coco o la mantequilla, pueden provocar un aumento del colesterol malo (o LDL), que favorece la aparición de enfermedades cardiovasculares y de la obesidad. Las grasas insaturadas, sin embargo, presentes en alimentos de origen vegetal y en los pescados azules, son beneficiosas para el organismo porque protegen el sistema cardiovascular y no producen colesterol. Los ácidos Omega-3 pertenecen al grupo de las grasas insaturadas.

- Los niños deben tomar alimentos como los pescados azules, las nueces o el aceite de soja, porque contienen ácidos omega-3 que son imprescindibles para un desarrollo adecuado del cerebro.

- También debemos incluir en su dieta alimentos que contengan ácidos omega-6, que regulan la respuesta inflamatoria y alérgica del organismo, pero de forma moderada, ya que en exceso serían perjudiciales. Los contienen alimentos como las pipas de girasol, el aceite de girasol o las semillas de sésamo.

- Tan solo debemos dejarles consumir grasas trans de forma muy ocasional ya que aumentan los niveles de colesterol malo y disminuyen los de colesterol bueno, disminuyen la respuesta a la insulina y aumentan el riesgo de padecer una diabetes del tipo 2 o un infarto agudo de miocardio. Entre los alimentos que contienen este tipo de grasas destacan la bollería industrial, los alimentos precocinados (tales como las pizzas y las croquetas), las patatas de bolsa y similares, las margarinas y muchas galletas. También aparecen si se reutiliza demasiadas veces un mismo aceite, de modo que no debes reutilizarlo más de tres veces y desecharlo si se ha quemado, es decir, si ha salido humo de la sartén mientras cocinabas.

Las vitaminas

Las vitaminas son fundamentales para el crecimiento, para gozar de un buen estado de salud y para disfrutar de un equilibrio nutricional apropiado. Se necesitan en pequeñas cantidades y regulan los procesos metabólicos que se producen en nuestro organismo. Debemos incorporar alimentos ricos en vitaminas a la dieta del niño porque nuestro organismo no las puede fabricar. Las vitaminas se encuentran presentes sobre todo en las frutas y las verduras.

- La vitamina C se encuentra casi exclusivamente en las frutas y las verduras. Esta vitamina es fundamental porque fortalece nuestro sistema inmunológico, favorece la regeneración de la piel, es antioxidante y participa en la producción de hormonas.
- Las sustancias antioxidantes, que ayudan a neutralizar las sustancias nocivas para el organismo, también se encuentran en las frutas y las verduras.

Los minerales

Los minerales actúan como catalizadores de las reacciones

bioquímicas que se producen en nuestro organismo y se encargan de regular muchos procesos vitales. Deben reponerse de forma continua porque nuestro organismo los elimina junto con las sustancias de desecho, es decir, a través de las heces, la orina y el sudor.

- El calcio, que está presente en la leche, el queso y los yogures, es fundamental para la formación de los huesos.
- Las frutas y verduras aportan poco sodio y mucho potasio y por tanto ayudan a regular nuestro medio interno, el correcto funcionamiento de las células y una adecuada eliminación de las sustancias de desecho.
- La cantidad de calcio necesario aumenta durante la adolescencia.
- El hierro, presente en las carnes, las legumbres, la yema de huevo, los cereales y los frutos secos, también es imprescindible para un correcto desarrollo del niño.
- El yodo, que se encuentra en el pescado, el marisco, los espárragos y los champiñones, es fundamental para un correcto desarrollo físico e intelectual del niño.
- La leche es un alimento muy completo que proporciona casi todos los elementos nutritivos necesarios para el crecimiento, con excepción del hierro. Por eso no debe faltar nunca en la dieta de un niño.

"**Es recomendable tomar fruto de limón natural para prevenir el escorbuto.**"
Richard Hawkins, 1593

2

La alimentación en los países desarrollados

La primera gran ventaja de vivir en un país desarrollado es que los niños no se mueren de hambre. Según las circunstancias económicas y sociales de su familia vivirá mejor o peor, y tendrá más o menos facilidades para acceder a una formación digna, pero siempre tendrá un plato de comida que llevarse a la boca. De hecho, en los países desarrollados se ha alcanzado una alimentación más que aceptable para la mayor parte de la población, hecho que hace posible que los niños crezcan más sanos. Sin embargo, estas mejoras también tienen su lado negativo.

Beneficios de una buena alimentación

✔ Aumento de la estatura media de la población: en los años sesenta los hombres medían 1,65 m de media y las mujeres 1,50m; actualmente las medias se sitúan respectivamente en 1,78 m y 1,64 m.

✔ Mejoras generales en la salud: el organismo se desarrolla de forma óptima y está más fuerte, y por tanto es capaz de hacer frente a las enfermedades y de recuperarse mejor y más rápidamente.

✔ Mayor desarrollo de las capacidades de la persona: tanto físicas como cognitivas.

✔ Mayor esperanza de vida de la población: en los años sesenta los hombres tenían una esperanza de vida de 65 años y las mujeres de 69; actualmente la esperanza de vida se sitúa en 82,1 para los hombres y en 86,6 para las mujeres.

Algunos problemas nuevos relacionados con la alimentación

- El sobrepeso.
- La obesidad.
- Las actitudes remilgadas o caprichosas frente a la comida.
- La anorexia.
- La bulimia.

A qué se deben dichos problemas

Existen muchos factores que influyen en la aparición de estos nuevos problemas relacionados con la alimentación, entre ellos:

- El abandono de la dieta mediterránea.
- La aparición y difusión de la comida basura.
- La adopción de unos malos hábitos alimenticios.
- La elección de una vida sedentaria que nos lleva a un menor consumo de energía.
- El abandono de la cocina tradicional.
- La desaparición de las recetas de la abuela.
- La falta de tiempo: se cocina poco y se opta por la comida precocinada o preparada.
- Las comodidades que nos facilitan la vida pero nos hacen mucho más sedentarios: lavadoras, lavaplatos, automóviles, ascensores, escaleras mecánicas, mandos a distancia, teléfonos móviles y ordenadores, trabajos que se realizan sentados, etc.
- El fácil acceso a una gran variedad de alimentos.
- Los comedores escolares: en ellos no suele haber tiempo ni personal suficiente para enseñar unos buenos hábitos ni

para controlar si los niños comen adecuadamente. Además, los menús de los centros educativos suele incluir demasiados fritos y demasiada carne en detrimento de la fruta y las verduras.

- La falta de límites claros en la educación.

"Se recomienda el consumo de hígado para combatir la ceguera nocturna."
Papiro de Ebers, años 1600 a. C.

3
Algunos datos nutricionales fundamentales

Para que tu hijo comprenda que debe tomar unos alimentos y desechar otros y que hay alimentos saludables y perjudiciales es importante que le expliques lo que hacen los distintos alimentos por su organismo. Puedes empezar contándole cosas sencillas, como por ejemplo que la leche es rica en calcio y le ayuda a tener unos huesos y unos dientes fuertes y sanos. Luego, cuando sea un poco más mayorcito, puedes utilizar la tabla siguiente para ofrecerle una información más detallada y concreta.

PROTEÍNAS
Se encuentran en: la carne, el pescado, las lentejas, los garbanzos, las judías, la leche, los huevos, el queso, el yogur.
Me sirven para: te ayudan a crecer y fortalecen tu musculatura.

HIDRATOS DE CARBONO
Se encuentran en: las féculas, es decir, la pasta, el arroz, los cereales, las patatas, el pan; los alimentos azucarados, es decir, los dulces, los bollos y los refrescos.
Me sirven para: las féculas te proporcionan la energía necesaria para mantenerte activo y algunas, como los cereales integrales, vitaminas, minerales y fibra; los refrescos no son saludables y pueden causar caries. Los alimentos azucarados deben consumirse sólo ocasionalmente.

GRASAS

Se encuentran en: el pescado azul, la mantequilla, la margarina, las patatas chips y similares, los bollos, los embutidos, las hamburguesas.

Me sirven para: te proporcionan energía. El pescado azul contiene ácidos omega-3, que son buenos para el desarrollo de tu cerebro. El exceso de grasas saturadas y trans es perjudicial para el corazón.

FIBRA

Se encuentra en: las frutas y las verduras; en los cereales de desayuno integrales, el pan, el arroz y la pasta integrales.

Me sirve para: para que tu aparato digestivo funcione correctamente y para que no vayas estreñido.

AGUA

Se encuentra en: las sopas, las cremas, las frutas y las verduras. En el grifo.

Me sirve para: Te limpia por dentro y te mantiene fresco e hidratado. Evita el estreñimiento y favorecen una buena digestión.

VITAMINA A

Se encuentra en: la zanahoria, el albaricoque, la calabaza, el pescado, los huevos.

Me sirve para: mejora la visibilidad nocturna.

VITAMINA B

Se encuentra en: la carne, la leche, el pescado, los cereales del desayuno

Me sirve para: que tu cuerpo sea capaz de transformar los alimentos en energía utilizable.

VITAMINA C
Se encuentra en: las naranjas, el kiwi, las fresas, la patata, el brécol.
Me sirve para: regenerar la piel cuando te haces una herida.

VITAMINA D
Se encuentra en: la mayor parte la recibimos del sol, a través de la piel; el pescado azul, los productos lácteos, la yema de huevo.
Me sirve de: fortalece tus huesos.

VITAMINA E
Se encuentra en: las verduras de hoja verde, las nueces, el aceite de girasol.
Me sirve para: mantener las células de tu cuerpo y la piel sanas.

VITAMINA K
Se encuentran en: las verduras de hoja verde, la leche, la margarina.
Me sirven para: ayudan a cicatrizar las heridas para que dejen de sangrar.

CALCIO
Se encuentra en: la leche, el queso, el yogur, las sardinas.
Me sirve para: tener unos dientes y unos huesos fuertes y sanos.

HIERRO

Se encuentran en: la carne, el pescado, los albaricoques secos, algunos cereales de desayuno.

Me sirven para: permite que la sangre lleve oxígeno a todo el cuerpo. Asimismo, confiere a la sangre su color característico.

POTASIO

Se encuentra en: las patatas, los plátanos.

Me sirve para: que tus músculos funcionen bien.

SODIO

Se encuentra en: la sal, las patatas de bolsa y similares, el beicon, las comidas preparadas.

Me sirve para: en cantidades moderadas te ayuda a estar sano; en exceso es perjudicial para tu corazón.

> **"Educa a tus hijos en el tema de la nutrición cuando ambos estéis relajados, no en la mesa, mientras se niega a comerse la verdura."**
> Rana Conway, nutricionista especializada en alimentación infantil.

4

Las etiquetas nutricionales de los alimentos

Cuando vas de compras al supermercado encuentras un gran número de productos dirigidos a los niños con grandes reclamos espectaculares. El problema es que muchas veces estos reclamos esconden o enmascaran otras características del producto que lo hacen altamente perjudicial o, en el mejor de los casos, un alimento poco recomendable para ellos. Así, por ejemplo, un queso puede anunciarse como fuente rica en calcio pero llevar una cantidad de sal nada recomendable. O un caramelo enmascarar que tiene un alto contenido en azúcar bajo la frase publicitaria de que contiene auténtico zumo de fruta. Así pues, no debes fiarte de la propaganda y de los anuncios sin más. Lo aconsejable es echarle un vistazo a la lista de ingredientes y a la tabla que muestra la información nutricional del producto. Pero eso no siempre resulta sencillo, sobre todo si uno no está habituado a leerlas e interpretarlas.

Algunas cosas a tener en cuenta al mirar las etiquetas

✔ La información dietética que aparece en las etiquetas tiene en cuenta las cantidades diarias recomendadas para un adulto, que son mayores que las que necesita un niño.

✔ Los minerales, vitaminas, ácidos grasos omega-3, prebióticos u otras sustancias supuestamente saludables que se añaden a algunos alimentos con frecuencia buscan solo hacer más atractivo el producto que, en realidad, es poco saludable y por tanto nada aconsejable.

✔ Siempre hay que prestar más atención a la letra pequeña que a las frases o palabras resaltadas.

✔ Los zumos de fruta preparados no deben sustituir nunca la fruta fresca, ya que carecen de fibra y favorecen el gusto por los productos azucarados en el niño.

Debes evitar los productos en cuya lista de ingredientes aparezcan:

✔ Grasas o aceites de semillas hidrogenadas o parcialmente hidrogenadas, ya que contienen grasas trans que, como ya hemos visto en apartados anteriores, son perjudiciales para la salud.

✔ Una lista muy larga de aditivos. Si un alimento lleva muchos colorantes, aromatizantes, potenciadores de sabor, estabilizantes y otras sustancias similares es porque está sobreprocesado y lo más probable es que contenga grandes niveles de grasa, sal o azúcar.

✔ Gran cantidad de azúcares añadidos. Los azúcares pueden aparecer enmascarados de muchas formas, por ejemplo, como sucrosa, glucosa, fructosa, dextrosa, maltosa, fécula hidrolizada o almidón, jarabe de glucosa, jarabe de maíz, etc. Esta clase de azúcares proporcionan calorías vacías, es decir, sin nutrientes beneficiosos.

✔ Edulcorantes artificiales: no están permitidos en las comidas y bebidas destinadas a los niños menores de tres años. Y si no son buenos para ellos está claro que tampoco son especialmente aconsejables para el resto de la población infantil.

Tabla sobre las etiquetas alimentarias

La tabla que aparece a continuación puede servirte de guía para saber si un alimento contiene una cantidad saludable de grasa, azúcar y/o sal.

	Cantidad por 100 g	
	Excesiva (g)	Poca (g)
Grasa total	20	3
Grasa saturada	5	1
Azúcar	10	2
Hidratos de carbono (de los cuales azúcares)	18	5
Sal	1,25	0,25
Sodio (multiplicar por 2,5 para obtener el valor en sal)	0,5	0,1

Fuente: Food Standards Agency

"La etiqueta nutricional de un alimento es su tarjeta de presentación. Con ella el consumidor puede conocer las características nutritivas del producto y decidir su compra, según sus necesidades."

OCU, Organización del Consumidor

5

La importancia del desayuno

Cualquier dietista o nutricionista te dirá que el desayuno es la comida más importante del día y sin embargo todavía son muchas las personas y los niños que salen a la calle por la mañana sin haber ingerido nada o con tan solo un café con leche o un vaso de leche con un poco de cacao en polvo.

Por qué es importante el desayuno:

✔ Por la mañana, al levantarnos, llevamos bastantes horas sin comer, entre 9 y 12 horas dependiendo de la hora a la que hayamos cenado la noche antes. Así pues, nuestro cuerpo necesita un aporte de nutrientes que nos permita iniciar el día con garantías.

Por qué es importante la alimentación

✔ Por la mañana, es decir, hasta la hora de la comida, realizamos una gran parte de nuestra actividad diaria y por ese motivo necesitamos la energía que nos proporcionan los alimentos del desayuno. De lo contrario, nuestras fuerzas podrían flaquear y nuestro rendimiento ser menor e incluso insuficiente.

✔ Los alimentos que incluye normalmente el desayuno suelen ser ricos en vitaminas y en fibra, unos nutrientes básicos para el buen desarrollo del niño.

✔ Si el niño come al levantarse no tendrá hambre a media mañana y te será más fácil evitar que picotee entre horas.

Ventajas del desayuno

✔ Los niños que desayunan aumentan la ingesta de fibra y de ciertos micronutrientes muy saludables, tales como la vitamina C, la vitamina A, la riboflavina, el hierro, el calcio y el cinc.

✔ Los niños que desayunan correctamente son menos propensos a sufrir problemas de sobrepeso y obesidad.

✔ Los niños que desayunan tienden a estar más activos físicamente y a llevar una vida menos sedentaria.

✔ Los niños que desayunan muestran un mejor rendimiento escolar y académico que los que no lo hacen.

✔ Los niños que desayunan correctamente son menos proclives a la depresión y a la hiperactividad.

Qué alimentos debe incluir un buen desayuno

✔ Fruta: un zumo de naranja; una pieza de fruta, por ejemplo, un kiwi, una plátano cortado en rodajas, una manzana, etc; o algunos frutos secos, como las pasas. La fruta ayuda a regular el organismo.

✔ Cereales o pan: los cereales de desayuno más indicados son los integrales, porque contienen más fibra. El pan también es mejor si es integral; puedes untarlo con un poco de tomate restregado y aceite para que sea más saludable; no debes abusar de la mantequilla y la mermelada, aunque puedes ofrecérselas de vez en cuando. Los cereales se encargan del buen funcionamiento del cerebro y los músculos.

✔ Leche o yogur: la leche pueden tomarla sola, con cereales de desayuno o con un poco de cacao. El yogur pueden tomarlo solo o mezclado con fruta. También puedes ofrecerle de vez en cuando un batido casero, hecho con leche y fruta. La leche y demás lácteos son fundamentales para el crecimiento.

✔ De vez en cuando puedes incluir una tortilla, un poco de queso o algo de embutido. Estos alimentos le aportan proteínas, que favorece el crecimiento.

Qué tentempié deben llevarse al colegio

Si el niño ha desayunado muy pronto es posible que a media mañana tenga hambre. A continuación encontrarás una lista con posibles tentempiés saludables para tu pequeño.

- Un plátano.
- Una manzana.
- Una pera.
- Una mandarina.
- Un bocadillo de pan integral con el pan untado de tomate

y una loncha de queso, con queso y jamón de york, con queso de untar, con atún y lechuga, etc.

- Un yogur de los que se beben.
- Una tortita de avena, de arroz integral o de maíz.
- Un yogur con trocitos de fruta.
- Un batido.
- Una barrita de cereales integral.

"El desayuno debe aportar el 25% de las necesidades calóricas diarias."
Jesús Mª Pascual Pérez, pediatra

6
Las comidas en familia

Comer en familia puede ser muy beneficioso para todos. Es una oportunidad única para enseñar a los hijos a disfrutar de la buena comida y de la compañía mutua. Si comes junto a ellos, los beneficios perdurarán hasta su adolescencia. Desgraciadamente, en la actualidad muchas familias no pueden comer juntas a diario debido a las exigencias laborales de los padres y a las muchas actividades que a menudo realizan los niños. Pero bastará con que compartas con ellos alguna de las comidas. Así, por ejemplo, puedes compartir la cena de lunes a viernes, y todas o la mayoría de comidas durante el fin de semana y las épocas de vacaciones. Es cuestión de organizarse.

Ventajas de comer en familia

✔ La dieta de los niños que comen con sus padres suelen ser más saludable y equilibrada. Incluye más verduras, frutas y cereales y por tanto más vitaminas, minerales y fibra; y además es más variada.

✔ Los niños aprenden por imitación. Así, es más fácil que se atrevan a probar un plato nuevo si te ven comerlo a ti, si ven que tú disfrutar comiéndolo. De este modo irán desarrollando su sentido del gusto y será menos probable que tengan manías o trastornos alimentarios.

✔ Comer juntos desarrolla la capacidad comunicativa de tus hijos: aprenden a escuchar al resto de los miembros de la familia y a compartir sus opiniones y sus vivencias.

✔ Las comidas en familia fomentan además los buenos modales en la mesa. Si tú utilizas los cubiertos correctamente, ellos aprenderán a hacerlo; si tú no hablas con la boca llena, ellos tampoco lo harán. Si utilizas un trozo de pan para empujar la comida en lugar de los dedos, ellos también se acostumbrarán a hacerlo.

✔ Los niños desarrollarán su psicomotricidad: aprenderán a hacer la pinza para coger los cubiertos o a sujetar el plato mientras papá le sirve el arroz, y esas habilidades le serán muy útiles más adelante, cuando le enseñen a sujetar el lápiz correctamente para poder dibujar y escribir.

✔ Aprenderán asimismo a estar sentados y relajados durante un período relativamente largo y eso desarrollará su capacidad de atención y su paciencia, habilidades que le serán muy útiles en su futura vida académica.

✔ Aprender a llenar el vaso de agua sin derramarla o a servir la sopa con un cucharón sin mojar el mantel favorecerá la autonomía de tu hijo y también su nivel de autoestima.

✔ El tiempo que pasáis juntos alrededor de la mesa fortalecerá los vínculos afectivos. En muchos casos, sobre todo cuando los niños ya son algo más mayorcitos, es uno de los pocos momentos en que todos los miembros de la familia están juntos en la misma habitación. Y es un buen momento para conversar y hacer balance del día. Aprovecha para preguntarles e interesarte por sus cosas en una atmósfera distendida y relajada.

✔ Podrás enseñar a tus hijos a asumir sus primeras responsabilidades, por ejemplo, poner la mesa, retirar los platos y ponerlos en el lavaplatos, etc. Deben entender que convivir resulta más gratificante si todos participamos en las tareas y nos hacemos cargo de nuestras responsabilidades. Con ello conseguirás además que se sientan orgullosos y sean más autosuficientes.

✔ Asimismo aprenderán a compartir, otro valor muy importante que debemos inculcarles desde muy temprana edad. La fuente de ensalada debe repartirse entre todos los platos y debe haber croquetas para todos.

Unas expectativas realistas

Cuando planees una comida en familia es importante que tengas unas expectativas realistas, sobre todo las primeras veces. No olvides que para ellos será una novedad y que deben acostumbrarse e ir interiorizando las reglas del juego poco a poco. A continuación encontrarás algunos consejos que pueden serte de utilidad:

- No esperes que la experiencia sea agradable y relajada las primeras veces que comas con tus hijos. Dales algo de tiempo.
- No prepares una comida de tres platos copiosos o pesados ya que se llenarán enseguida y se aburrirán.
- No escojas platos con los que no están habituados ya que es más probable que los rechacen.
- No pretendas que permanezcan sentados durante un período muy largo si de normal comen en 15 minutos y se levantan corriendo de la mesa.
- Sirve la comida a la hora que suelen comer. Si es mucho más tarde es posible que se muestren malhumorados y cansados.
- Deja que, dentro de un orden, participen en la elección del menú, al menos de parte de él.

● Anímales a participar en la preparación: pueden poner la mesa, ayudarte a preparar la ensalada, etc.

> "Comer en familia tiene muchísimas ventajas para tus hijos que verán cómo, de forma distendida y mientras gozan de la compañía de su familia, desarrollan un montón de capacidades."
>
> Luis Torres Cardona, psicoterapeuta

7

La leche, ese gran aliado

La leche es el primer alimento que tomamos al nacer y la base de nuestra dieta durante los primeros meses de vida, ya sea la que nos da nuestra madre al amamantarnos o la leche de fórmula, que trata de imitar a la materna. Más adelante, cuando empezamos a introducir nuevos alimentos en la dieta del niño, la leche sigue constituyendo un alimento fundamental para su correcto desarrollo. En los países subdesarrollados, las madres siguen amamantando a sus hijos hasta alrededor de los dos años, porque dadas las carencias y dificultades propias de dichos países es con gran diferencia la mejor alimentación que pueden ofrecerles. Así pues, podemos afirmar sin temor a equivocarnos que la leche materna es fundamental en la alimentación infantil.

Por qué es un alimento tan importante

La leche es importante porque es un alimento muy completo. Proporciona esencialmente calcio y vitamina D, dos nutrientes básicos para el desarrollo y fortalecimiento del sistema óseo. Además, es una fuente rica en proteínas, yodo, magnesio, potasio y vitaminas A y B12. Y por si todo eso no fuera suficiente, es un alimento fácil de consumir y digerir y no suele provocar grandes intolerancias.

Cantidad de leche necesaria

- Entre los 0 y los 6 meses: toda la leche materna que reclamen.
- Entre los 6 y los 12 meses: entre 500 y 600 ml al día de leche de fórmula si el niño ya ha sido destetado. Si sigue mamando, la que nos reclame durante las tomas.
- Entre 1 y 3 años: 300 ml diarios de leche de fórmula o de continuación; a partir de los 2 años puede introducirse la leche de vaca.
- A partir de los tres años: alrededor de los 200ml diarios de leche de vaca.

Qué puedo hacer si mi hijo rechaza la leche

Algunos niños al ser destetados rechazan la leche. En la mayoría de los casos se trata de una reacción pasajera que desaparece con el tiempo, cuando el niño comprende que la leche materna ya no es una opción. Si pasado algún tiempo tu hijo sigue rechazándola, es posible que le desagrade su sabor. Prueba alguna de las siguientes sugerencias:

- Si tu hijo rechaza la leche caliente prueba a dársela templada, del tiempo o incluso fría: es muy posible que sienta preferencia por alguna de ellas.

- Prueba a mezclársela con unas cucharaditas de cereales: empieza con los que no contienen gluten y alrededor de los 12-18 meses pasa a los cereales con gluten.
- Dásela a cucharaditas o con una pajita.
- Añádele una cucharadita de cacao sin azúcar.
- Añádele una cucharadita de miel.
- Añade la leche a otras comidas, lo importante es que la ingiera.
- Prepárale un puré de patatas usando solo leche y patatas.
- Añade una salsa bechamel a la papilla o a las verduras.
- Ofrécele de postre arroz con leche o unas natillas caseras.
- Prepara pasta con una salsa hecha a base de crema de leche.
- Pídele que pruebe la leche con cereales de desayuno.
- Sumerge una barrita de cereales en un tazón de leche y deja que se empape bien: absorberá la mayor parte del líquido.
- Prepárale un tazón de leche con galletas troceadas.
- Cocina unas espinacas a la crema.
- Ofrécele un batido natural hecho con leche y fruta.
- Si es más mayorcito, explícale las razones por las que debe tomar leche y otros productos lácteos y lo bueno que son para su salud.

Alternativas a la leche

Si a pesar de todos tus esfuerzos, el niño sigue rechazando la leche o toma una cantidad insuficiente, piensa que puede obtener los beneficios de la leche consumiendo otros productos lácteos igualmente sanos. Los que enumeramos a continuación aportan el mismo calcio que 100 ml de leche:

- un yogur natural (80 g).
- un yogur de frutas (80 g).
- un yogur líquido (120 ml).
- una loncha de queso (20 g).
- crema de queso para untar (100 g).
- dos quesitos.

Productos no lácteos que contienen calcio

También puedes suplir la carencia de calcio incluyendo en su dieta alimentos ricos en ese nutriente. Sin embargo, debes saber que el cuerpo absorbe mucho más fácilmente el calcio de un lácteo que el de un alimento no lácteo:

- Sardinas (25 g).
- Col rizada (80 g).
- Higos secos (50 g).
- Tofu (25 g).

Posibles reacciones a la leche

- Hay niños que padecen intolerancia a la lactosa: Se produce cuando su organismo no produce una cantidad suficiente de lactasa, es decir, del enzima que se encarga de descomponer la lactosa, el azúcar que contiene la leche. Entre los síntomas más habituales se encuentra los retortijones, la hinchazón y los gases.
- También hay niños que son alérgicos a la leche: entre los síntomas más habituales se encuentran los eczemas, la difi-

cultad respiratoria, el moqueo de la nariz y el cansancio.
Si tu hijo rechaza la leche y/o presenta cualquiera de esos síntomas, o si crees que podría presentarlos, consulta a tu pediatra.

"Un mayor consumo de leche y otros productos lácteos ricos en calcio incrementa la masa ósea durante el crecimiento y ayudan a reducir pérdida ósea en adultos."
Anita S. Lawrence, doctora especialista en temas de nutrición

8
La introducción de los alimentos sólidos, ese momento fundamental

Alrededor de los seis meses de edad el bebé empieza a necesitar alimentos diferentes a la leche para su correcto desarrollo y se inicia la fase llamada destete. Debe ser un proceso paulatino en el que iremos incorporando, con una actitud firme y tranquila, nuevos sabores y texturas en su dieta. No debes agobiarte si las primeras veces que le ofreces un alimento lo rechaza o apenas lo prueba. Piensa que para él es un cambio muy importante y que es normal que le cueste un poco. Además, puedes estar bien tranquilo ya que la leche le sigue aportando todos los nutrientes que necesita para seguir creciendo de forma adecuada. Piensa que se trata de una nueva fase evolutiva de tu pequeño. Tu objetivo debe ser que desarrolle su sentido del gusto probando nuevos sabores y texturas, y debes sentirte orgullosos con cada pequeño logro.

Cuándo debe iniciarse el destete

✔ Por regla general el destete se inicia alrededor de los seis meses de vida.

✔ Si crees que tu hijo se queda con hambre antes de esa edad, prueba a aumentar la cantidad de tomas o de biberones que le ofreces a lo largo del día. Si eso no parece ser suficiente, puedes iniciar el destete un poco antes, alrededor de los cuatro meses.

✔ No debes destetar a tu hijo antes de los cuatro meses, ya que podrías provocar en él eczemas, infecciones de las vías respiratorias, un aumento de la grasa corporal y sibilancias.

✔ Si en tu familia hay antecedentes de alergias alimenticias, consulta con tu pediatra antes de iniciar el destete.

✔ Como el niño es todavía muy pequeño, deberás limpiar y esterilizar bien todos los utensilios que utilices, ya sean biberones, cucharita y plato o tazón.

Con qué debe iniciarse el destete

Normalmente el primer alimento sólido que se introduce en la dieta del niño son los cereales sin gluten. Veamos algunas de las razones que justifican su elección:

● Su sabor no cambia demasiado el sabor de la leche.

● Es fácil de digerir.

● Tiene un sabor dulce, como la leche, y por tanto el niño está habituado ya a ese tipo de sabor.

Cómo debe iniciarse el destete

La clave para que el destete funcione es hacer las cosas sin prisas y sin nervios. El bebé debe acostumbrarse a los nuevos sabores y a las nuevas texturas, pero además su aparato digestivo también necesita tiempo para adaptarse. Piensa que si consigues que el bebé lo viva como una experiencia positiva y enriquecedora, en el futuro te resultará más fácil tratar con él cualquier tema que tenga que ver con la alimentación.

- Empieza con una cantidad muy pequeña. Puedes añadir una o dos cucharadas de cereales sin gluten al biberón y pro-

bar que tal lo acepta. O preparar una pequeña cantidad de papilla y ofrecérsela con una cucharita. Si lo acepta, déjale disfrutar del descubrimiento y luego completa la toma con lo que suelas darle normalmente. Si lo rechaza o parece ahogarse, retíraselo y vuelve a la leche habitual. Al día siguiente vuélvelo a probar. Sigue probando sin ponerte nervioso y sin presionarle todos los días hasta que consigas algún avance. Hay niños que se adaptan muy rápidamente y otros a los que les cuesta más. No te desesperes y piensa que su alimento básico sigue siendo la leche, es decir, que tú bebé está bien alimentado. Se trata de que se vaya adaptando poco a poco y sin traumas.

- Empieza introduciéndoselo en la toma de la mañana, momento en que está especialmente hambriento tras las horas de descanso. Si se muestra poco receptivo o el exceso de hambre hace que se ponga nervioso, pruébalo al mediodía. Cada niño es un mundo y por tanto es difícil marcar una única pauta para todos.

- En cuanto acepte bien el nuevo alimento, debes ir aumentando la cantidad del mismo y las veces que se lo ofreces. Aumenta a tres las cucharadas de papilla que añades a la leche y luego a cuatro.

- El siguiente paso será aumentar el número de tomas que complementas con cereales, por ejemplo la de la mañana y la de la noche.

- En cuanto esté bien introducido un nuevo sabor puedes empezar con el siguiente, por ejemplo, la papilla de frutas. Sigue el mismo proceso que en el caso anterior. Empieza ofreciéndole dos cucharaditas de zumo de naranja rebajado con un poco de agua. Cuando ya lo acepte bien, ves aumentando la cantidad. Luego disminuye el agua con que lo rebajas. A continuación añádele un poco de plátano, luego de pera, etc. Reserva esta papilla para la tarde, por ejemplo.

- Empieza con la papilla de verduras. Puedes introducirla en la toma del mediodía. Prepara un poquito de puré con patata y zanahoria. Luego añádele unas judías verdes, luego calabacín o calabaza, luego unas espinacas.

- Cuando las papillas ya estén bien instauradas y el niño coma ya una cierta variedad de sabores, podrás pasar al tema de las texturas. El reflejo de masticación aparece en la mayoría de niños entre el séptimo y el noveno mes así que a dicha edad puedes empezar a hacer las papillas cada vez un poco más espesas y cerca del año ya pueden llevar grumos y trocitos. Cuando el niño empiece a masticar también puedes ofrecerle trocitos de comida, por ejemplo trozos de pescado desmenuzado, un trozo de pan o un trozo de plátano, para que se vaya familiarizando con todas esas texturas.

- Alrededor de los dos años el niño ya puede comer prácticamente de todo y debería poder incorporarse al menú familiar sin grandes dificultades.

Tabla con los alimentos más apropiados

Alimentos iniciales:

- Leche con cereales sin gluten.
- Puré de frutas: naranja, plátano, manzana y pera.

- Puré de verduras hervidas: patata, zanahoria y judías verdes.

Alimentos que no deben tomar antes de los seis meses:
- Cereales con gluten.
- Legumbres: lentejas o garbanzos.
- Productos lácteos: yogur, queso fresco o natillas.
- Carne: pollo, ternera, cerdo.
- Yema de huevo o huevo entero.
- Pescado: blanco o azul.

Alimentos que no deben tomar durante el primer año de vida:
- Sal: los riñones de un bebé todavía no están preparados para recibir una cantidad importante de sal, de modo que no debes añadir nada de sal a sus comidas. Si cocinas un mismo plato para toda la familia, cocínalo sin sal, retira la porción del niño y luego añade la sal para el resto de comensales.
- Azúcar: proporciona calorías sin nutrientes esenciales, de modo que no lo necesitan; además puede provocar caries en los dientes recién salidos y hace que su paladar se acostumbre a lo excesivamente dulce.
- Leche de vaca: es preferible seguir con la leche de fórmula o la de continuación.
- Miel: puede causar botulismo infantil.
- Frutos secos: porque suelen provocar bastantes alergias alimenticias y porque pueden atragantarse con ellos.
- Leche no pasteurizada.
- Huevos sin cocinar.

Alimentos que puedes ofrecerles para que los coman con las manos

- Tortitas de arroz sin sal.
- Colines o palitos de pan integral para bebé; o el currusco de una barra de pan integral.
- Trozos de verduras cocidas: palitos de zanahorias, trocitos de calabacín o patata, una judía verde, etc.
- Trozos de fruta: una rodaja de plátano, un gajo de naranja, un trozo de manzana, un trozo de melocotón, etc.
- Trozos de pollo asado.
- Trozos de pescado desmenuzado.
- Trozos de jamón de york.

Bebidas que pueden o deben tomar:

- Los bebés deben seguir tomando una gran cantidad de leche, entre 500-600 ml diarios.
- Cuando empiezan a tomar otros alimentos pueden empezar a tomar agua del grifo o embotellada de baja mineralización. Si usas la del grifo debes hervirla y dejarla enfriar antes de ofrecérsela, al menos hasta alrededor del año. Si optas por la embotellada, compra solo aquellas marcas que garanticen una baja mineralización. Puedes ofrecérsela tras cada comida. Al principio probablemente no tomará mucha, pero poco a poco irá aumentando la cantidad.
- Si va muy estreñido puedes ofrecerle zumo de naranja diluido con agua.
- Si sufre de dolores estomacales, puedes prepararle alguna infusión apropiada y específica para bebés.

> "El destete debe ser un proceso gradual y paulatino, y debe llevarse a cabo respetando los tiempos de la mamá y el bebé."
> María Paula Cabaña, psicóloga infantil

9

La famosa dieta mediterránea

Hoy en día no es necesario defender las bondades de la dieta mediterránea, ya que todo el mundo parece estar de acuerdo en que es la más indicada. Pero veamos en qué consiste realmente y cuáles son sus principales beneficios.

De dónde viene la denominación de dieta mediterránea

Se entiende por dieta mediterránea la alimentación característica de los pueblos que habitan la ribera del mar Mediterráneo. Ancel Keys (1904 – 2004), fisiólogo norteamericano, fue su gran impulsor y el primero en definirla tal y como la conocemos en la actualidad. Entre los años 1958 y 1964, Keys realizó una amplia y rigurosa investigación sobre los hábitos alimenticios en distintas zonas del mundo, su famoso *Estudio de los siete países*. En dicho estudio analizaba concretamente tres países mediterráneos y cuatro no mediterráneos. Estos países eran EE.UU, Japón, Finlandia, Holanda, Grecia, Italia y la antigua Yugoslavia. Llegó a la conclusión de que en los países mediterráneos, en gran parte debido a la alimentación, la esperanza de vida era mayor y el índice de enfermedades degenerativas y coronarias era menor. Hoy se sabe asimismo que esta dieta ayuda a prevenir numerosas formas de cáncer y previene el envejecimiento de las células.

Algunos datos históricos sobre la dieta mediterránea

✔ Los griegos y los romanos introdujeron las bases de esta dieta, es decir, el pan, el aceite de oliva y el vino, tres productos relacionados con las explotaciones agrarias de la zona.

✔ Más tarde los pueblos germanos añadieron la carne.

✔ Los árabes por su parte incorporaron verduras como las berenjenas y las alcachofas, y alimentos como el arroz y la pasta.

✔ Gracias al descubrimiento de América se incluyeron en esta dieta otros alimentos básicos tales como la patata, el pimiento o el tomate.

Características básicas de la dieta mediterránea

Principales fuentes de hidratos de carbono:

● Un alto consumo de arroz y pasta.
● Pan fresco que se compra a diario.

Principales fuentes de proteínas:

● Pescado.
● Aves de corral.
● Carnes blancas (en lugar de carnes rojas o grasas animales).
● Huevos.

- Productos lácteos.
- Legumbres.

Principales fuentes de fibra
- Muchas verduras frescas y crudas en forma de ensaladas.
- Verduras cocidas o asadas como primer plato o acompañando el plato principal.
- Muchas hortalizas, crudas o cocinadas.

- Legumbres.
- Mucha fruta: como postre o como tentempié.

Principal fuente de grasa
- El aceite de oliva.

Otras características
- Consumo moderado de vino durante las comidas.
- Compra diaria de productos frescos.
- Paseos y desplazamientos a pie (frente a una vida más sedentaria).

> "Es muy importante promover entre los jóvenes el conocimiento de la dieta mediterránea, así como el consumo de frutas y verduras, y el gusto por el ejercicio físico."
>
> Mercedes Armero Fuster, unidad de nutrición y dietética, Hospital de la Paz de Madrid

10
Cómo puedo saber si mi hijo es un mal comedor

De todos es sabido que a lo largo de su evolución los niños pasan por distintas etapas. Eso también es así en el campo de la alimentación. Por eso debemos distinguir entre lo que es normal y lo que no lo es, entre los trastornos que requieren de nuestra actuación y lo que no son más que falsas expectativas u obsesiones de los padres y demás familiares.

Algunas cosas a tener en cuenta al evaluar a nuestro hijo

✔ Alrededor de los 18 meses o los 2 años los niños empiezan a comer menos: eso se debe a que su crecimiento se hace más lento y por tanto sus necesidades alimenticias son menores.

✔ Es perfectamente normal que cuando empiezan a diversificar la dieta se nieguen a probar alimentos nuevos: se debe a su reflejo de protección frente a lo que es nuevo y desconocido.

✔ Alrededor del año el niño debe empezar a comer alimentos sólidos adecuados para su edad. En ese momento es normal que los manipule con las manos y se ensucie porque está descubriendo una forma nueva de alimentarse.

✔ Un niño gordito no tiene porque ser un niño sano: importa más la variedad que la cantidad.

✔ Si el niño crece y aumenta de peso de forma adecuada, aunque sea según el percentil más bajo, es que se alimenta lo suficiente.

Algunos consejos prácticos para los padres

● Los padres debemos adoptar una actitud neutral y no presionar al niño para que coma: si en casa se habla demasiado de lo que come o deja de comer el niño, de lo mal que come y temas similares es muy posible que el niño aprenda que con la comida puede convertirse en el centro de atención y manipular a sus progenitores, y que empiece a desarrollar conductas negativas relacionadas con el tema.

● Debemos limitar los tentempiés al máximo para estimular

el apetito del niño: si le permitimos comer entre horas bajo la famosa máxima de "no comer por haber comido, no es tiempo perdido" o justificándonos con frases como "así al menos come algo" es muy probable que llegue a la hora de la comida sin hambre y que por tanto coma mal.

- Debemos proporcionar al niño alimentos adecuados a su edad: si le preparas toda la comida frita o rebozada porque se la come mejor estás cediendo a sus caprichos y no estás educando su gusto por la comida sana.

- Debemos evitar distracciones a la hora de la comida: si le distraes poniéndole la televisión o contándole un cuento no aprenderá que la hora de la comida puede ser un momento placentero por sí mismo y tampoco aprenderá a ser paciente y a centrar su atención en el plato.

- Si le persigues por toda la casa con la cuchara llena de verdura se acostumbrará a manipularte y a ser exigente. Y se volverá caprichoso con la comida y con todo en general.

- Debemos limitar la duración de las comidas: así evitaremos que se eternicen y conseguiremos que el niño comprenda que dispone de un tiempo limitado para comer.

- La introducción de los alimentos se hará de forma gradual y regular: aprender a comer bien requiere su tiempo.

"Un niño no debe dirigir la dinámica familiar en función de su actuación con la comida y los adultos deben enseñarle que ese comportamiento no es válido y acompañarle en el aprendizaje del que sí lo es."

Rocío Ramos-Paúl, psicóloga infantil

Segunda parte

PRINCIPALES TRASTORNOS ALIMENTARIOS

1

Mi niño no come nada

Una de las cosas que más preocupa a la mayoría de los progenitores es que su retoño se niegue a comer. Cuando esto ocurre sienten que están fallando como padres y eso genera un gran estrés y malestar en el ámbito familiar. Si este es tu caso, debes recordar que tu obligación como progenitor es ofrecerle una alimentación sana y equilibrada, pero que no puedes ni debes obligarle a comer a la fuerza. Así que tranquilízate e intenta averiguar si puedes mejorar alguna conducta para facilitar las cosas.

Información básica que debes tener presente:

✔ Hay niños que comen como pajaritos y sin embargo se desarrollan con normalidad. Los niños suelen tener la capacidad de regular muy bien su apetito, es decir, de comer cuando tienen hambre y parar cuando ya están saciados. Es importante que no les hagamos perder esa capacidad forzándoles demasiado.

✔ Recuerda que alrededor de los dos años es normal que disminuya el interés del niño por la comida y que se produzca un descenso del apetito, porque su crecimiento se ralentiza.

✔ En algunas ocasiones, el niño se niega a comer simplemente porque se sabe más independiente y está experimentando. En ese caso es especialmente importante que mantengamos la calma y quitemos hierro al asunto. De lo contrario podría descubrir que no comiendo nos saca de quicio y nos puede manipular. No olvides que los niños, por regla general, son muy listos.

✔ Averigua si se comporta igual en casa que en el colegio o en casa de los abuelos. Si solo se niega a comer en casa es muy posible que esté poniéndote a prueba.

✔ No le obligues a comer pero dile que debe permanecer sentado en la mesa hasta que terminéis: muchos niños dicen que no tienen hambre porque prefieren irse a jugar que seguir comiendo sentados a la mesa.

Posibles causas no preocupantes por las que el niño no come

Es posible que el niño no coma por algo que no tiene nada que ver con lo que nosotros imaginamos. Es difícil averiguar si alguien no come porque no tiene hambre, porque no le gusta el alimento que le estamos ofreciendo, por una cuestión de conducta o por algo que no tenga nada que ver. Y ante la duda muchos padres se ponen en lo peor. Pero muchas veces la explicación es mucho más sencilla de lo que pensamos:

- La silla en la que está sentado le resulta incómoda y eso hace que se ponga nervioso.
- Está más cansado que hambriento y por eso no muestra interés por la cena.
- Está muy excitado y le cuesta relajarse para poder disfrutar de la comida.

- Le pueden las ganas de seguir correteando y jugando.
- Asocia la comida a las regañinas y no le apetece pasar por ese mal trago.
- A lo mejor encuentra aburrida la hora de la comida porque los adultos aprovechan a hablar de sus cosas, de temas que él no entiende, y por eso decide boicotearos.
- La televisión le absorbe tanto que se distrae y se olvida de que está comiendo.
- Ha estado picoteando o se ha comido alguna chuchería no hace mucho y no tiene apetito.

Vías de acción para padres preocupados

- Si estás muy preocupado, pídele a tu pediatra o consigue en Internet una tabla con los percentiles de peso y altura apropiados para cada edad. Luego anota cada cierto tiempo el peso y la talla de tu hijo y verás si se está desarrollando con normalidad y si lo hace por encima o por debajo de la media. Lo que más debe preocuparte es que su crecimiento sea equilibrado, es decir, que su peso sea el indicado para su altura. Si está en el percentil 90 para la altura y en el 30 para el peso, coméntaselo al pediatra ya que podría presentar algún tipo de trastorno y necesitar ayuda. También es importante que la gráfica resultante sea siempre ascendente. Durante la infancia es normal que se produzcan estirones repentinos y épocas de estancamiento, pero si el niño empieza a perder peso de forma injustificada o deja de crecer durante un tiempo prolongado, debes consultar al pediatra.
- Valora el estado general de salud del niño: si el niño no

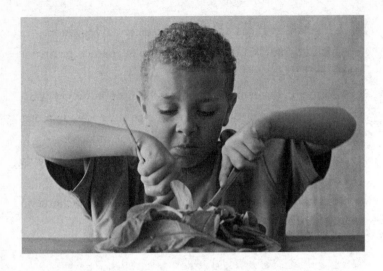

suele ponerse enfermo ni coger infecciones cada dos por tres, es que en líneas generales está sano.

- Fíjate en su estado anímico: si te agota porque parece no cansarse nunca de jugar y corretear, y suele estar feliz y animado, deja de preocuparte tanto, relájate y disfruta con él.

- Ten presente que así como las dietas muy restrictivas suelen ir asociadas con problemas de crecimiento, los niños que comen poco no suelen presentar grandes problemas nutricionales: aunque parezca que comen poco suelen ingerir los nutrientes básicos que necesitan para irse desarrollando con normalidad.

"Debemos animar a los niños a comer cuando tienen hambre y a parar cuando estén saciados. No deben comer para complacerte, ni rechazar la comida sólo para molestarte."

Rana Conway, nutricionista especializada en alimentación infantil

TABLAS DE PESO , TALLA Y PERÍMETRO CEFÁLICO EN NIÑOS

Tablas de niñas

Peso en relción a la edad

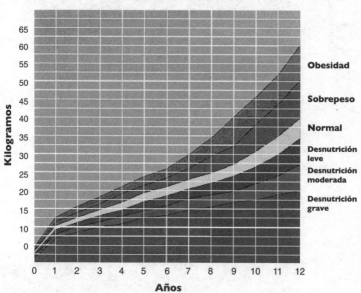

Talla en relación a la edad

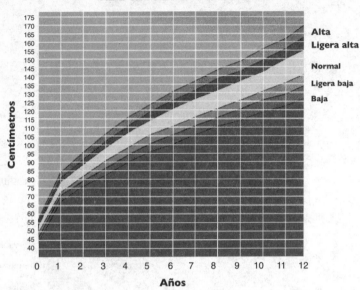

Peso en relación a la talla

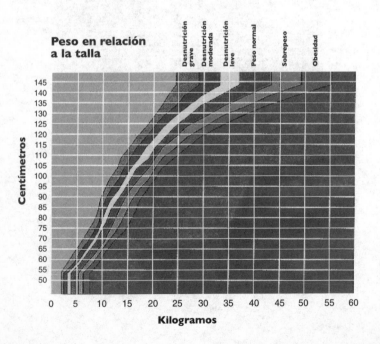

2
Biel comía bien, pero ya no

A veces puede ocurrir que un niño que normalmente come bien de repente, un buen día, se niegue a comer. La situación nos coge por sorpresa y es posible que no reaccionemos de la forma más apropiada. Los adultos solemos comer la misma cantidad de comida, o una cantidad muy parecida, todos los días, pero lo hacemos más por una cuestión de hábito que porque nuestro apetito sea siempre el mismo. Estamos acostumbrados a tomar un primer plato, un segundo plato y un postre y así es como diseñamos nuestros ágapes. Sin embargo los niños son más receptivos a las señales que les envía su propio organismo y si éste les dice que están saciados o que en ese momento no necesitan ingerir más alimentos, lo normal es que rechacen la comida, por mucho que sea la hora de comer y por mucho que hayan transcurrido cinco horas desde que desayunaron.

Posibles causas de la inapetencia transitoria

Si tu hijo suele comer bien habitualmente, no te preocupes y piensa que su inapetencia transitoria puede deberse a distintas causas:

- En ese preciso instante no necesita comer más porque su organismo ya está saciado.
- Está pasando por un período de menos apetito: recuerda que el crecimiento de un niño no es lineal y que es perfectamente normal que se produzcan variaciones en su apetito.
- Es posible que esté enfermo y que por ello se muestre inapetente.

- A lo mejor le está saliendo un diente y ese hecho ha alterado su apetito.
- Ha comido mucho en el ágape anterior y está empachado.
- Ha tomado algún tentempié o algún refresco entre horas que le ha quitado el hambre.

Cómo debes afrontar estos episodios

- Debes ceñirte a la rutina de siempre, es decir, darle de desayunar, de comer, de merendar y de cenar a la misma hora de siempre. Pero sin forzarle a comer más de lo que quiera. Si a media mañana sueles darle algo, ofréceselo también. Es decir, no hagas nada especial. Es muy probable que él sepa regularse mejor que tú.
- Intenta detectar si hay algún otro síntoma que acompañe este cambio de actitud: así te será más fácil detectar cuál es el problema real.
- Ofrécele una cantidad de comida menor a la de costumbre: no le fuerces a terminársela y espera a que recupere el apetito de forma natural.
- No le des a elegir nunca entre alimentos saludables y comida basura: si está comiendo poco es más importante que nunca que todo lo que ingiera sea saludable y le aporte los nutrientes que necesita. Dejarle tomar calorías vacías para calmar nuestra preocupación es un error que sólo conseguirá agravar el problema.
- Para no perder los nervios piensa que si comía bien volverá a hacerlo por sí solo. No dramatices ni te pases el día hablando de ello. Ten un poco de paciencia y dale tiempo.

"La inapetencia es la pérdida del apetito e incluye el rechazo de alimentos específicos. Puede tener causas orgánicas, aunque generalmente se relaciona con conductas alimentarias inadecuadas de los padres y el niño."
Myriam Liliana Camargo, pediatra

3

A mi hijo le encanta picar entre horas

Si crees que tu hijo come poco porque nunca se termina el plato que le pones en la mesa, pero sin embargo crece y aumenta de peso, es posible que su conducta se deba a que pica demasiado entre horas y que al final reciba el aporte calórico que necesita. Si no solo aumenta de peso si no que está por encima del que le corresponde, es probable que esté picando demasiado entre horas y que además picotee productos poco apropiados o incluso perjudiciales para su salud. Así, si de camino a casa le ofreces un trozo de pan, del que acabas de comprar en la panadería, para que esté tranquilo, si a media tarde le das una chuchería como recompensa por algo que ha hecho bien y un rato antes de cenar le compras una bolsa de patatas fritas, es perfectamente normal que llegue a la hora de comer sin hambre y se muestre reticente y malhumorado.

En qué momento suele originarse esta debilidad por el picoteo

Los poslactantes y los preescolares suelen tener un apetito limitado, dado que sus necesidades energéticas son menores. Su estómago tiene el tamaño de un puño, por lo que está claro que no pueden comer grandes cantidades de una sentada. Eso explica que necesiten algún tentempié entre una comida y la siguiente. Si durante ese período le acostumbramos a comer alimentos poco apropiados entre horas, luego nos costará mucho reconducir esa conducta.

Causas relacionadas con el picoteo

- El niño se distrae con facilidad, ya sea por su carácter o porque tiene demasiadas distracciones a su alrededor: come lo indispensable para saciar el apetito y luego se pone a jugar o a hacer otra cosa, de modo que a las pocas horas vuelve a sentir hambre.
- El horario que programamos para que coma no es el adecuado: está demasiado cansado o no ha pasado el tiempo suficiente desde que comió algo por última vez, de modo que no siente hambre. Así pues, malcome, pero transcurridas una o dos horas siente hambre y pide algo de comer. Quizás deberás replantearte los horarios.
- El pequeño bebe un exceso de leche, que pasa a sustituir la ingesta de carne y de pescado. Ofrécele la leche solo por la mañana, con el desayuno, y por la noche, después de cenar y antes de irse a la cama.
- Se ha acostumbrado a picar entre horas y le cuesta mucho dejar de hacerlo.

Problemas relacionados con el picoteo

- El principal problema del picoteo tiene que ver con el tipo de alimentos que suelen tomarse en esos casos: gusanitos,

batidos o zumos industriales, patatas fritas, chucherías, etc.

- Otro problema es la frecuencia del picoteo: si el niño está picando a todas horas lo normal es que acabe sintiéndose empachado y con el estómago lleno y que por tanto no muestre el más mínimo interés cuando le pongas un plato de lentejas delante a la hora de la comida.
- Con el tiempo pueden provocar trastornos alimentarios más serios tales como el sobrepeso, la obesidad o una deficiencia en ciertos nutrientes esenciales.

Cómo debes abordar el problema

- Ten mucho cuidado con lo que le ofreces entre horas. Si los alimentos que toma son nutritivos y saludables, su dieta seguirá siendo equilibrada y variada y el niño se desarro-

71

llará correctamente. A continuación encontrarás algunas sugerencias sanas:

- Fruta fresca: un plátano, un trozo de manzana o pera, unas fresas, una rodaja de melón, etc.
- Alguna verdura u hortaliza: un trozo de zanahoria, un poco de maíz, etc.
- Algún fruto seco: un par de nueces, un albaricoque seco, unas almendras.
- Un yogur desnatado o líquido.
- Un poco de queso.
- Una tortita de arroz o de maíz.
- Una barrita de cereales.
- Un zumo de naranja natural.

- Limita el número de veces que le permites picotear: debería bastar con que picotee algo ligero a media mañana y algo ligero a media tarde. Luego si tiene hambre deberá esperar a la siguiente comida. Así poco a poco regulará su organismo y se adaptará a un horario sano y lógico.

"El picoteo es un mal hábito ya que su abuso aumenta el riesgo de convertirse en obeso durante la edad adulta. El problema desaparece, no obstante, si se consumen productos adecuados, tales como fruta, yogures desnatados o barritas de cereales."

Pilar Robó, endocrina y nutricionista

4

Mi bebé se niega a dejar el biberón

A algunos niños, sobre todo a aquellos que han estado tomando biberón desde que nacieron, les cuesta mucho dejarlo. De hecho, muchos se niegan a tomarse la leche si no es en su biberón favorito. Eso es así porque suelen asociar el momento de la toma con una sensación muy reconfortante y agradable y no quieren renunciar a ella. Pero como suele decirse, hay una edad para cada cosa y eso también es así en el caso del biberón.

Cuándo debe dejar el biberón

Alrededor de los dos años el niño ya es o debería ser lo suficientemente autónomo e independiente como para tomar la leche en vaso. En el mercado existen unos vasos llamados de aprendizaje que son ideales para entrenar esta habilidad. Evitan que la leche se derrame sobre la mesa y por el suelo, ya que llevan una tapa con una especie de pitorro por la que bebe el niño. Algunos tienen incluso una base antivuelco. Si lo prefieres puedes usar un vaso normal de plástico y una pajita. No te engañes con frases como "todavía es muy pequeño", "así toma más leche" o "qué importancia tendrá cómo se la tome". Tienes que ayudarle a madurar poco a poco y te aseguro que se sentirá muy orgulloso de haberlo conseguido y de ser un poco más autónomo. Además, es posible que empiece a cenar mejor y a probar una mayor variedad de alimentos porque empiece a ser menos dependiente de la leche.

Planteamiento adecuado

Se trata de introducir el cambio sin que resulte traumático para el niño. De hecho, si ves que le cuesta mucho puedes conservar durante algún tiempo, hasta que cumpla los tres años por ejemplo, el biberón de la noche, ya que seguramente le ayude a relajarse y a conciliar el sueño nocturno.

● Decide junto con tu pareja el día que vais a quitarle definitivamente el biberón. Intenta que sea un día que no vayáis con prisas o estresados, y que no coincida con ningún otro cambio en la vida del niño, como por ejemplo, la llegada de un hermanito o el inicio de la guardería.

● Explicarle al niño que ya es mayor y que va a empezar a beber la leche como los niños grandes, es decir, en un vaso.

● Retirar de la vista todos los biberones, tetinas y demás utensilios asociados.

● Ir de compras con el pequeño y dejar que escoja él su vaso de aprendizaje, o el paquete de pajitas.

● Cuando llegue el momento de tomar la leche ofrecerle el vaso de apredizaje que habéis comprado para él, o un vaso de plástico y las pajitas que él eligió.

● Una vez iniciado el aprendizaje no podéis dar marcha atrás: en ningún caso volveréis a sacar el biberón. Si habéis decidido dejarle el biberón de la noche, explicárselo: es perfectamente capaz de entenderlo. Decirle algo como: "Por la noche, justo antes de dormirte, podrás tomar un biberón porque sabemos que te calma y te ayuda a conciliar el sueño. Cuando estés preparado también podrás dejarlo". Transcurrido algún tiempo es muy posible que te sorprenda diciendo que por la noche también quiere su vaso.

- Si notas que le cuesta o no se la bebe, ofrécele ponerle una cucharadita de cacao. Dile que los niños mayores, a diferencia de los bebés, pueden tomarlo. También puedes enseñarle a mojar un par de galletas en ella o añadirle algunos cereales de desayuno, para que descubra nuevos placeres y se olvide de los anteriores.
- Cuando se tome la leche en el vaso no olvides felicitarle y decirle lo orgulloso que te sientes de él.

> **"Dejar el biberón es conectarse con el exterior y crecer más allá de su relación de dependencia y simbiosis con su madre."**
> María Roitman, psicóloga infantil

5
Mi pequeño se niega a probar alimentos nuevos

Los niños que se niegan a probar alimentos nuevos reciben el nombre de neofóbicos. Según parece, este tipo de conducta podría encontrar una explicación en nuestros ancestros, que habrían desarrollado este tipo de conducta para evitar probar alimentos nuevos que pudieran ser venenosos o tóxicos. Sin embargo debes saber que la mayoría de niños que se niegan a probar alimentos nuevos lo hacen simplemente a causa de una conducta refleja de protección frente a lo nuevo y lo desconocido. Del mismo modo que el niño siente miedo el primer día de colegio porque no sabe lo que va a encontrarse allí ni si le va a gustar, al ver un alimento que desconoce siente cierta aprensión y prefiere cerrarse en banda en lugar de correr el riesgo. Es por eso que debes armarte de paciencia y ser perseverante, porque es la única forma de conseguir vencer sus recelos.

Cómo debes afrontar el problema

- En primer lugar debes tener claro que no es un problema, sino simplemente una fase normal dentro de su desarrollo.
- Debes estar dispuesto a ofrecerle un mismo alimento nuevo hasta un total de veinte veces sin obtener una respuesta positiva antes de decidir que realmente no le gusta. Si se la ofreces un par de veces y te rindes no conseguirás avanzar.
- Introduce los alimentos nuevos de uno en uno: de lo contrario te costará mucho distinguir lo que realmente no le gusta y lo que sí.

- Cuando le ofrezcas un alimento nuevo combínalo con otro que le guste especialmente. Si le encanta la tortilla de patatas, aprovecha para acompañarla con unas hojas de lechuga o un poco de zanahoria rallada.

- Cuando se lo ofrezcas a él también debes comerlo tú: si te ve comerlo y disfrutarlo es más fácil que se atreva a probarlo. También ayuda mucho que se lo vea comer a otros niños como él. Por eso muchos niños aceptan probar cosas en la guardería que en casa se negaban en redondo a aceptar.

- Deja que juegue y manosee el alimento nuevo: es una forma de familiarizarse con él y lo importante es que acabe probándolo. Ya habrá tiempo para mejorar sus modales.

- No le fuerces: invítale a probarlo, pero no le obligues.

- Dile que si no le gusta puede escupirlo en un lado del plato: así evitarás que se niegue en redondo o que no consienta ni siquiera llevárselo a la boca.

- No olvides elogiar a tu hijo cuando pruebe algo nuevo: dile que estás muy orgulloso, incluso si lo escupe o dice que no le ha gustado después de probarlo. Debes valorar el esfuerzo, lo otro vendrá solo con el tiempo.

Cosas que debes evitar a toda costa

- No le obligues nunca: sería contraproducente.

- No controles sus bocados: ponle la comida en el plato y deja que el seleccione.

- No le regañes constantemente o acabará asociando la comida a un momento desagradable.

- No estés encima de él todo el rato: captará la tensión y también él se pondrá nervioso.

- No le digas cosas como: "Si no te comes los guisantes te quedas sin petit-suisse". Si lo haces es muy probable que acabe clasificando los alimentos en apetitosos y asquerosos.
- No le premies con una recompensa del tipo: "Si te comes la zanahoria podrás tomarte una chuchería". No tiene sentido premiarle con algo perjudicial por haberse comido algo saludable. Debe bastar con que le felicites y le muestres lo contento que estás.
- Evita etiquetarlo como tiquis miquis y hablar del problema delante de él, porque de ese modo tan solo conseguirás que refuerce la idea de que hay cosas, probablemente muchas, que no le gustan.
- No des por hecho que jamás va a comer zanahorias por el hecho de que las haya rechazado hasta ese momento.
- No debes confiar en que cambie de actitud de la noche a la mañana: este tipo de cosas requieren tiempo.
- No tires la toalla porque parece que no consigues progresos: es lo suficientemente importante como para que tengas un poco, o un mucho, de paciencia. Piensa que por poco que mejore habrá valido la pena.

"La aversión de un niño hacia los alimentos nuevos es en su mayor parte hereditaria, es decir, es de origen genético en un 78% y de tipo ambiental tan solo en un 22%."
Lucy Cooke, departamento de epidemiología y salud pública del University Collage de Londres

6

Eres un remilgado con la comida

Un niño remilgado es aquel que tiene una dieta limitada, tanto por la variedad de productos que toma, como por el tipo de productos que acepta. Así pues, puede rechazar grupos alimentarios enteros y, por ejemplo, no aceptar ningún tipo de verdura, ni fresca ni cocida. O puede negarse a tomar comidas con trozos o de las que necesitan ser masticadas, como la carne. De ese modo limita sus alternativas alimenticias y ello puede acabar teniendo consecuencias negativas para su salud.

Principales problemas de una alimentación remilgada

- Si tu hijo se niega a comer frutas y verduras en general:
  - tiene más probabilidades de sufrir asma.
  - puede experimentar una carencia de hierro y por tanto sufrir anemia.
  - es más probable que enferme.
  - es más probable que vaya estreñido.
  - de mayor tendrá un mayor riesgo de sufrir cardiopatías y ciertos tipos de cáncer.
- Si tu hijo no toma leche ni productos lácteos:
  - puede tener los huesos más débiles y ser más propenso a las roturas.
  - puede tener los dientes menos sanos y fuertes.
- Si tu hijo se niega a comer carne o pescado:
  - puede tener problemas de crecimiento.
  - puede no desarrollarse adecuadamente

Qué puedes hacer para educar un paladar remilgado

Si sabes cómo debes actuar con tu hijo remilgado te será más fácil mejorar su dieta y evitarás que las horas de las comidas se conviertan en un verdadero calvario para todos.

- Antes que nada tranquilízate y relájate: tu hijo no va a morirse de hambre y si te pones nervioso te costará mucho más afrontar el problema.
- Puedes confeccionar una gráfica y colgarla en la nevera: los días que tu hijo pruebe un alimento que no suele comer, acepte tomar una cantidad mayor o admita una nueva textura, según sea su problema, le darás una estrella plateada o dorada y le pedirás que la pegue en el gráfico; cuando reúna 10 o 15 estrellas puedes premiarle con algún detallito: le dejas ver su película favorita, le llevas a la piscina municipal o le compras unas pegatinas.
- Intenta que se implique en la planificación de las comidas, en la compra de los alimentos y en su preparación: llévatelo al supermercado, pídele que te ayude a elegir, embolsar y pesar las frutas y las verduras que compréis, enséñale a poner la mesa, a preparar algún plato sencillo o a ayudarte en algún paso de otros más complejos, etc. Así dejará de verlo como algo completamente ajeno a él y se irá familiarizando con los distintos grupos de alimentos.
- Explícale las razones por las que debe seguir una alimentación variada y equilibrada, lo importante que es para su salud, pero no lo hagas mientras estéis comiendo o en plena pataleta porque no quiere comer las judías verdes.

- Felicítale siempre que haga un pequeño avance, por pequeño que sea.
- Planifica un menú variado desde el principio para toda la familia. Si el resto come de todo es más probable que se acabe apuntando al carro.
- Si te sientes muy desesperado, habla con otros padres: descubrirás que tu hijo no es el único al que le cuesta comer y eso hará que te sientas menos mal padre.
- Si tiene edad suficiente, pídele que te ayude a confeccionar una lista con los alimentos que le gustan, los que detesta y aquellos que estaría dispuesto a probar. De este modo tendrás alguna pista sobre por dónde empezar.
- Confecciona una lista con los objetivos que te gustaría conseguir: si tienes las cosas claras te será más fácil conseguir-

las. Deben ser objetivos sencillos y alcanzables, tales como: "conseguir que pruebe una verdura" o "conseguir que tome una cucharada de menestra", etc.

> **"Sentir una cierta desconfianza ante los nuevos alimentos forma parte del desarrollo saludable de un niño."**
> Hellín Setter, experta en nutrición infantil

7
Yo no quiero verduras

Los niños lactantes suelen tomar una gran cantidad de verduras en forma de puré. De hecho suelen tomar un plato con varias verduras y hortalizas mezcladas y trituradas todos los días. Sin embargo, cuando el niño empieza a consumir alimentos sólidos, esta clase de productos suelen ser los que más rechaza. De hecho, las verduras suelen ser el grupo alimenticio que más problemas y quebraderos de cabeza da a los padres.

A qué se debe este problema

Entre las causas más comunes están:

- Muchas verduras y hortalizas tienen un sabor fuerte o amargo que a los niños les resulta desagradable.
- Muchas verduras y hortalizas tienen una textura o una consistencia que cuesta a los más pequeños.
- Algunos estudios recientes apuntan que el rechazo a los

sabores amargos responde a mecanismos biológicos. Pero el sentido del gusto evoluciona con la edad.

- En muchas familias se evitan estos alimentos por el temor a la negativa del pequeño y como consecuencia cada vez cuesta más que los incorporen a su dieta.

Por qué son tan importantes las verduras

- Contienen muchas vitaminas y minerales esenciales, entre ellos los antioxidantes, y ya hemos visto que dichas sustancias son fundamentales para un correcto desarrollo.
- También son muy ricas en fibra y por tanto facilitan el buen funcionamiento del aparato digestivo.
- Estos alimentos contienen asimismo fitonutrientes, que son muy beneficiosos para la salud en general.
- Una ingesta elevada de verduras disminuye el riesgo de sufrir problemas cardiovasculares en la edad adulta.
- Las verduras suelen aportar muy pocas calorías.

¿Puedo sustituir las verduras por una mayor cantidad de fruta?

Está claro que eso es mejor que nada, es decir, que si tu hijo no come ninguna verdura está bien que como mínimo intentes que coma una gran cantidad de fruta. Pero con ello tan solo compensaras sus necesidades totales de una forma parcial.

- La fruta no contiene todas las sustancias saludables que contienen las verduras y hortalizas.
- Las frutas aportan más calorías que las verduras y las hortalizas porque contienen más azúcar y por tanto pueden desequilibrar el aporte calórico total.

- Si solo come fruta te será más difícil conseguir que tome lo que aconseja la Organización Mundial de la Salud, es decir, cinco piezas al día de frutas y verduras.

Algunos consejos prácticos

- Incluye en la dieta familiar una gran variedad de verduras, cuantas más, mejor. En el mercado existe una gran variedad de verduras y hortalizas y cada una de ellas se caracteriza por un sabor y una textura diferentes. Así pues, es posible que tu hijo rechace de pleno las judías verdes y el pepino, pero que acepte la zanahoria y el calabacín.
- Intenta que coma verduras y hortalizas de distintos colores: según su color aportan unos nutrientes u otros de modo que cuantos más colores pruebe, más equilibrada y saludable será su dieta. Lo ideal es que entre los alimentos que acepte los haya verdes, amarillos, naranjas, rojos y morados.
- Empieza introduciendo cantidades pequeñas como acompañamiento de otros platos, para que vaya acostumbrándose a su sabor y su textura poco a poco.
- Ofréceselas cocinadas de distintas maneras, para intentar descubrir de que manera las acepta mejor. Esa es una de las grandes ventajas de las verduras y hortalizas, que permiten una gran variedad de sistemas de cocción. Prueba a hervirlas, asarlas, freírlas o prepararlas a la plancha.
- Si preparas un aperitivo, incluye alguna salsa que le guste y palitos de distintas verduras que pueda mojar en ella.
- También puedes camuflarlas con otros ingredientes: empieza con cantidades pequeñas y luego ves aumentándolas de forma gradual.

Algunas ideas para que coman verduras sin protestar demasiado

- Prepara un delicioso puré de verduras: mezcla patatas, un poco de cebolla y una verdura, como por ejemplo, calabacín, calabaza o zanahoria. Si quieres puedes añadirle un par de quesitos, para que su sabor resulte más suave.
- Añade un poco de calabacín a la tortilla de patata.
- Incorpora un poco de berenjena o de zanahoria a la lasaña.
- Prepara una ensalada de pasta con un poco de pimiento, zanahoria y tomates cortados muy finos.
- Prepara la salsa de los macarrones tú mismo: con tomate natural, un poco de zanahoria y pimiento triturado.
- Prepara un pastel de carne con zanahoria, calabacín y maíz.
- Cuando le prepares un bocadillo, restriega el pan con tomate, o añádele unas rodajas finas de dicho alimento.
- Añade judías verdes o alcachofas a la paella.
- Añade trozos de zanahoria, pimiento y cebolla a los guisos, por ejemplo a las lentejas. Si tus hijos son de los que se quejan cuando encuentran trocitos, tritura las verduras con un poco del caldo y luego incorpóralas de nuevo a la salsa.
- En verano, cuando aprieta el calor, prepara un gazpacho suave y sírvelo bien fresquito.
- Confecciona una pizza casera y añádele champiñones, maíz y aceitunas.
- Cuando tome alguno de sus platos preferidos, acompáñalo con un par de hojitas de lechuga o un poco de zanahoria rallada.

> "Las verduras son esenciales para conseguir un buen desarrollo tanto físico como intelectual."
>
> Rosina Pontillo, nutricionista infantil

8
¿Otra vez fruta?

El segundo grupo de alimentos que más suele costar a los niños, después de las verduras, es el de las frutas. Entre los seis y los 12-18 meses los niños suelen tomar grandes cantidades de fruta, ya que les preparamos una papilla mezclando varias piezas todos los días y se la ofrecemos como merienda o como tentempié. Sin embargo, cuando empezamos a darle la fruta troceada, muchos niños empiezan a tener problemas con su textura y empiezan a dejarla de lado. En el caso de los más mayorcitos, el bajo consumo de frutas a veces se debe a la pereza que les da pelarlas. Por eso muchos, si les das a elegir, optan por tomarse un plátano, sin duda la más fácil de pelar.

Beneficios de la fruta

- Son ricas en vitaminas antioxidantes, que ayudan a neutralizar cualquier sustancia que sea nociva para nuestro cuerpo.
- Contienen muchos minerales.
- Son ricas en sustancias fitoquímicas, que tienen propiedades anticancerígenos.
- Contienen una gran cantidad de vitamina C, que ayuda a regenerar la piel y nos protege de los resfriados.

- Su rico contenido en vitaminas y minerales disminuyen el riesgo de sufrir enfermedades tales como el asma.
- Contienen mucha agua y por tanto mantienen hidratado nuestro cuerpo.
- Son ricas en fibra y favorecen el buen funcionamiento de nuestro aparato digestivo.
- En verano pueden resultar muy refrescantes, sobre todo si se sirven fresquitas.

Ideas para afrontar el tema de la fruta

- Alrededor de los nueve meses o el año empieza a ofrecerle trozos de fruta, para que vaya familiarizándose con los sabores y las texturas: ofrécele un trozo de plátano, un gajo de naranja, una rodajita de melón o un trozo de manzana, etc.
- Como ocurre en el caso de las verduras, recuerda que existe una gran variedad de frutas. Prueba todas las que encuentres en el mercado y trata de descubrir cuáles son sus preferidas.
- Siempre que sea posible, compra frutas de temporada, porque son mucho más saludables y suelen estar más ricas y jugosas.
- Intenta que coma frutas de todos los colores: cuanta más variedad colorística, mejor.
- Ofrécele también frutos secos.
- Mezcla trocitos de fruta con un poco de yogur natural.
- Prepara batidos de fruta con un poco de leche o con yogur.
- Aunque el niño ya esté algo crecidito puede seguir tomando papilla de fruta: es una forma sencilla y fantástica de ofrecerle un buen cóctel de frutas.

- Sírvele unas fresas con un poco de nata; o mezcladas con zumo de naranja y espolvoreadas con un poco de azúcar.
- Prepara un plátano muy especial: ábrelo por la mitad, añade un poco de azúcar, échale zumo de limón por encima, vuel-

ve a cerrar el plátano y dile que se lo coma con cuchillo y tenedor.

- Prepara unos ricos polos con zumo de fruta.
- Pídele que te ayude a confeccionar una rica macedonia de fruta: deja que sea él el que elige las frutas que va a llevar.
- Pela una naranja, córtala en rodajas y espolvoréala con un poco de azúcar.
- En verano, mete la sandía en la nevera y sírvela bien fresquita.

Cuándo le ofrezco la fruta

- Una de las gracias de la dieta mediterránea es que suele incluir la fruta como postre de las comidas principales. Así que en vez de darle un postre lácteo o de dejarle sin postre, es una buena idea incluir una pieza de fruta como colofón de la comida del mediodía y de la cena.
- El desayuno debería incluir siempre algo de fruta, por ejemplo un zumo de naranja o un kiwi.
- También puedes ofrecerle la fruta como tentempié, por ejemplo a media mañana, sobre todo si ha desayunado muy pronto.
- La merienda también puede incluir una pieza de fruta, por ejemplo una mandarina, un poco de uva o unas cuantas cerezas.

"La mayoría de frutas tienen un alto contenido en agua, a veces de hasta el 75%, y por tanto ayudan a mantener nuestro cuerpo bien hidratado."

Rosina Pontillo, nutricionista infantil

9
La comida basura

En la actualidad, la comida basura forma parte de la vida de nuestros hijos, nos guste o no. La televisión les bombardea con atractivos anuncios sobre este tipo de alimentos, por Internet les llegan mensajes de propaganda de restaurantes de comida rápida y en todos los barrios proliferan este tipo de establecimientos. Así pues, lo mejor que podemos hacer es aceptar esta realidad y explicar a nuestros hijos lo que hacen los distintos alimentos por su organismo, incluida la comida basura. Así, por ejemplo, puedes explicarle que debe tomar fruta todos los días porque le aporta vitaminas y minerales esenciales que le protegen de las enfermedades, o leche porque hace que sus huesos y sus dientes estén fuertes y sanos; pero que la comida basura, no obstante, no le hace ni más fuerte ni más sano y que por lo tanto debe tomarse tan solo ocasionalmente.

Ingredientes-nutrientes que lleva la comida basura

- Una elevada cantidad de proteínas de origen animal.
- Muchos aditivos, como conservantes, colorantes y potenciadores de sabor: que generan el hábito de consumir este tipo de alimentos.
- Abundante cantidad de azúcares simples.
- Una gran cantidad de grasas saturadas: en exceso son malas para el organismo.
- Abundante colesterol.
- Una elevada proporción de sodio.

- Un aporte bajo o nulo de fibra.
- Una cantidad baja o nula de vitaminas.
- Un elevadísimo aporte calórico.

Ejemplos de comida basura

- Hamburguesas.
- Perritos calientes.
- Patatas fritas.
- Aros de cebolla.
- Nuggets de pollo.
- Pizzas.
- Bollos.
- Refrescos azucarados.
- Golosinas.
- Snacks.

Problemas derivados de una ingesta excesiva de comida basura

- La sobrealimentación: un menú compuesto por hamburguesa, patatas fritas y refresco aporta un 50% de las calorías diarias necesarias.
- El sobrepeso y la obesidad.
- Un escaso desarrollo de la masa ósea: debido a la escasez de calcio.
- Enfermedades cardiovasculares.
- La hipercolesterolemia: consecuencia de la gran cantidad de proteínas de origen animal, de grasas saturadas y de colesterol.
- El estreñimiento: por la falta de fibra.

- La aparición de caries: por el alto índice de azúcares simples.
- Un deterioro de la salud en general: a causa de una ingesta desequilibrada de nutrientes.
- Digestiones pesadas y lentas: a causa del exceso de frituras y rebozados.
- Una alteración del sentido del gusto: por las altas dosis de sodio, conservantes y potenciadores del sabor, que aumentan el apetito y crean hábito en el consumidor.
- Cambios bioquímicos a nivel cerebral como los que generan las drogas: consecuencia de la gran cantidad de azúcares y grasas, que generan adicción a este tipo de comidas.

Intervenciones negativas

- No te pases el día criticando la comida basura delante de tu hijo porque con eso no conseguirás que deje de sentirse atraído por ella; además, es una actitud que durante la adolescencia puede resultar de lo más contraproducente. En lugar de eso, intenta subrayar los aspectos positivos de los alimentos saludables y apetitosos.
- No le prohíbas por completo la comida basura ya que la convertirás en algo especial a los ojos del niño y por consiguiente lograrás que le parezca más interesante y deseable. Podría incluso llegar a obsesionarse con ella.

Intervenciones positivas

- Prepara tú en casa versiones más sanas de los alimentos que más le atraen: puedes preparar unos filetes rusos caseros con carne picada de ternera, comprar unos panecillos

integrales con cereales e incorporar al bocadillo una rodaja de tomate y una hoja de lechuga frescos. El ketchup también puede prepararse en casa con un poco de salsa de
tomate, un chorrito de vinagre y un poco de sal y azúcar.

- Fija los límites que estás dispuesto a aceptar, para que el
niño los tenga claros y no te pida comida basura cuando
no corresponda: dile por ejemplo que puede comer chucherías una vez a la semana, chocolate otra y una hamburguesa o similar otra.
- Mientras sea pequeño, adminístraselo tú.
- Cuando sea un poco más mayor, prueba a meter en una
fiambrera todo lo que puede tomar esa semana y deja que
sea él el que se administre; puedes poner los productos
(una bolsa de patatas chips, un trozo de chocolate) o poner
un dibujo que valga por él (por ejemplo, una hamburguesa
o una pizza dibujada en una cartulina).
- También puedes fijar un día a la semana para los extras: los
miércoles al salir de piscina podrás tomarte una chuchería
y los sábados por la noche podrás cenar comida basura.
- Cuando vayan a la fiesta de un amiguito o se vayan de
excursión, deja que coma peor y disfrute de la experiencia sin sentirte culpable. Comer comida basura de forma
ocasional, sobre todo cuando su dieta es sana y equilibrada, no le va a hacer ningún daño. Aprenderá a distinguir
entre las ocasiones especiales y la dieta habitual, que es lo
importante.
- Si al mediodía ha tomado comida basura, asegúrate de que
por la noche tome una cena especialmente saludable y
equilibrada en la que abunde la fruta y la verdura.

- Enseña a tu hijo algunas nociones básicas sobre la nutrición, para que pueda ayudarte a elegir alimentos sanos y equilibrados que le ayuden a desarrollarse adecuadamente.
- Enséñale a leer e interpretar de forma correcta las etiquetas nutricionales de los distintos alimentos.

> **"Este tipo de comidas no representan ningún riego para la salud si se consumen solo de forma esporádica."**
> Marcela Licata, nutricionista

10
Mamá, tengo hambre

Hay niños que parecen tener hambre todo el día. Acaba de comer y ya están pensando en la merienda, no hace ni una hora que han desayunado y ya están pidiendo algo que llevarse a la boca, o al salir del colegio, después de tomarse un buen bocadillo y una pieza de fruta, te preguntan si has traído algo más. Es tal su insistencia que te desesperas y tienes la sensación de que no haces otra cosa que darle de comer.

A qué se debe este afán por comer

✔ La sensación constante de hambre puede deberse a un raro trastorno genético conocido con el nombre de síndrome de Prader Willi, que se caracteriza precisamente por un apetito insaciable. Pero se trata de un síndrome realmente muy extraño de modo que es poco probable que sea la causa real en el caso de tu hijo.

✔ A menudo se debe a que el niño confunde sentimientos como el ansia, el aburrimiento o la preocupación con el hambre: si ha estado rondando por la casa, nervioso y sin saber qué hacer, si está especialmente silencioso o se muestra huraño o si acaba de vivir una situación tensa es posible que trate de aliviar la situación comiendo.

✔ Muchos niños cuando dicen que tienen hambre en realidad quieren decir que les apetece un bollo o una chuchería: ofrécele un tentempié sano, como una manzana o una tortita de arroz; si se lo come probablemente es que tenía hambre; si de repente decide que después de todo no tiene tanta hambre es que buscaba algo por puro capricho.

✔ A veces los niños pequeños comen en exceso porque todavía no tienen suficiente control sobre sí mismos: ten paciencia y enséñale poco a poco a regular el apetito.

✔ Los niños de más edad pueden comer demasiado porque piensan que hay que seguir comiendo hasta sentirse realmente llenos: enséñale algunos datos básicos sobre la nutrición y explícale que debe dejar de comer cuando se sienta saciado, sin llegar a experimentar la sensación de estar a punto de reventar.

Cuál debe ser tu comportamiento:

● En principio no debes negarle la comida a un niño que dice tener hambre; eso sí, ofrécele tentempiés saludables y nutritivos, tales como una pieza de fruta, un trozo de queso, un yogur desnatado o una tortita de arroz.

● Evita los comentarios negativos, tales como "Estoy seguro de que ya has comido bastante" o "Es imposible que tengas hambre": Socavan la confianza del niño en el conocimiento de su propio cuerpo.

● Tampoco le ataques con el típico "Te vas a poner gordo": podrías herirle y hacerle sentir que su alimentación está fuera de control.

● Ayúdale a distinguir el hambre de otras sensaciones: recuérdale que la sensación de hambre se siente en el estómago, no en la boca o en cualquier otro sitio; y que el aburrimiento puede desaparecer con otro tipo de actividades y distracciones mucho más divertidas.

- Si crees que tu hijo puede tener algún problema serio con la comida y/o el peso, no pienses que ya se le pasará. Es mejor que consultes con un especialista o con su médico.
- Si tu hijo es muy comilón, ofrécele mucha agua y aumenta su ingesta de fruta y verdura, y de alimentos muy ricos en fibra. Y anímales a realizar ejercicio físico.

> **"Las enfermedades metabólicas que nos acaban matando en la edad adulta —obesidad, diabetes, hipertensión y cardiopatía isquémica— empiezan ya desde niños, por lo que los hábitos alimenticios que se adquieran durante la infancia repercutirán sin duda a lo largo de toda la vida."**
> Susana Monereo, Jefa de Sección de Endocrinología y Nutrición del Hospital Universitario de Getafe

11
Podrías respirar entre cucharada y cucharada

Hay niños que engullen demasiado deprisa, sin apenas masticar lo que comen y sin apenas respirar entre un bocado y el siguiente. Como consecuencia, suelen comer más de lo que su cuerpo necesita y no suelen digerir bien los alimentos. Recuerda que aprender a comer correctamente es un hábito y que por tanto puede aprenderse. Y que tú como padre tienes la obligación de enseñarle a hacerlo correctamente.

Problemas que pueden derivarse de esa actitud

- Si un niño engulle la comida sin apenas respirar, difícilmente podrá notar a tiempo que su cuerpo ya está saciado. Y para cuando lo note ya estará demasiado lleno y se sentirá incómodo.
- Si no abordamos el problema cuando es pequeño, el niño acabará acostumbrándose a darse atracones.
- Los niños que comen muy rápido no suelen masticar bien la comida y eso provoca que sus digestiones sean más lentas y pesadas.
- Si el niño come más de lo que necesita de forma sistemática de mayor podría tener problemas de sobrealimentación u obesidad.

Algunas ideas para corregir esa conducta

- Explica a tu hijo que debe comer hasta que sienta que ha comido lo suficiente, no hasta que se sienta pesado e incómodo, como si estuviera a punto de reventar. A ningún niño le gusta que le duela la barriga, y te aseguro que tu hijo no será una excepción.
- Enséñale que los mensajes relacionados con el hambre, tales como "estoy hambriento" y "ya estoy lleno", tardan un rato en viajar desde su barriga hasta su cerebro, concretamente entre 5 y 10 minutos aproximadamente. Por eso es importante esperar un rato antes de repetir o pedir más comida.
- Enséñale a saborear y a disfrutar correctamente de la comida; explícale que si algo le gusta lo disfrutará durante más tiempo si se lo toma despacio, y que además con esa acti-

tud estará ayudando a su cuerpo a realizar correctamente la digestión.

- Dile que mastique cada bocado un mínimo de diez veces y que deje el cubierto apoyado en el plato mientras mastica.

- Distráele con preguntas sobre cosas que le interesen: aprovecha para preguntarle por sus amigos o por alguna de sus actividades favoritas. También puedes distraer su atención pidiéndole que te pase la jarra de agua o un trozo de pan. La cuestión es que levante la vista del plato y que por un momento deje de pensar en comer.

- Hazle preguntas sobre la comida, para que se fije en los alimentos que está tomando en vez de limitarse a engullirlos: "¿Están suficientemente blandas las patatas? ¿Se aplastan bien con el tenedor? ¿Han quedado bien tostadas las croquetas? ¿Está crujiente el brécol?"

- No le des el filete ya cortado. Aprovecha para enseñarle a cortar la carne; si le cuesta un poco, tardará más en llevarse el siguiente bocado a la boca.

- Sírvele una cantidad razonable de comida: ni mucha ni muy poca. Si pide más explícale que debe esperar un poco, para que su cuerpo tenga tiempo de mandar el mensaje de "saciado" o "no saciado" al cerebro. Pasado un tiempo prudencial —unos 5-10 minutos— si sigue diciendo que tiene hambre, puedes servirle otro poco. Si ha respetado las reglas, no le niegues la comida: minarías su confianza y su seguridad y podría ser contraproducente.

- Si tu hijo es muy comilón, ofrécele algún tentempié saludable entre horas, para que no llegue a la hora de la comida con un hambre voraz. Si está hambriento le resultará más difícil controlar sus instintos.

> **"Las necesidades nutricionales de los niños cambian con la edad. Los bebés necesitan gran cantidad de grasa y comidas con densidad energética, pero al alcanzar los 5 años deben mantener una dieta más baja en grasas y más alta en fibra."**
> Rana Conway, nutricionista infantil

12
¿Qué es la obesidad?

Para saber si un niño tiene un problema de obesidad, los pediatras utilizan el Índice de Masa Corporal (IMC). Por regla general se consideran obesos los niños mayores de dos años cuyo IMC está por encima del percentil 98 para su edad, es decir, cuando su IMC es más elevado que el del 98 % de ese grupo. Si el IMC del pequeño se encuentra entre los percentiles 91 y 98, el niño no es obeso pero tiene un problema de sobrepeso. La situación actual con respecto a este trastorno resulta realmente preocupante. Las estadísticas realizadas por el Ministerio de Sanidad muestran que en los últimos años el número de casos de obesidad entre la población infantil ha alcanzado cifras alarmantes. Según el Instituto Nacional de Estadística, actualmente el 27,6 por ciento de la población infantil presenta un problema de sobrepeso u obesidad, es decir, un 11,4 por ciento más que hace cuatro años. Las previsiones de la Organización Mundial de la Salud (OMS) tampoco resultan nada halagüeñas: calcula que en el año 2015, es decir en tan solo cuatro años, habrá alrededor de 700 millones de obesos entre la población adulta. De hecho habla de la obesidad como de una "epidemia propia del siglo XXI".

¿A qué se debe dicho aumento?

La acumulación excesiva de grasa en el cuerpo se debe principalmente a los motivos siguientes:

- Los cambios que han introducido los países civilizados en la dieta:
  - Incremento de alimentos hipercalóricos, ricos en grasas y azúcares, pero pobres en vitaminas, minerales y otros micronutrientes: estos alimentos no nutren el organismo, solo lo engordan.
  - Abandono de la dieta mediterránea, lo cual ha favorecido un bajo consumo de frutas, verduras, legumbres y pescado.
- La adopción de una vida mucho más sedentaria con muy poca actividad física.

Algunos datos que vale la pena tener en cuenta

- Si un niño es obeso a los cuatro años tiene un 20% de probabilidades de convertirse en un adulto obeso. Si el afectado es un adolescente, las probabilidades de ser un adulto obeso se elevan hasta un alarmante 80%.
- Aumentar el consumo de frutas, verduras, legumbres, pescados, cereales integrales y frutos secos, e incorporar la actividad física a la vida diaria, ayuda a prevenir la obesidad,

los problemas de sobrepeso y los trastornos y enfermedades que suelen asociarse con ellos.

- Una alimentación adecuada en la infancia resulta clave para
  que nuestros hijos consigan alcanzar un objetivo absolutamente primordial: aprender a comer de un modo saludable para poder vivir felices.
- Los buenos hábitos que se aprenden en la más tierna infancia suelen acompañarnos la mayor parte de nuestra vida.
- Ante un problema como el de la obesidad resulta mucho

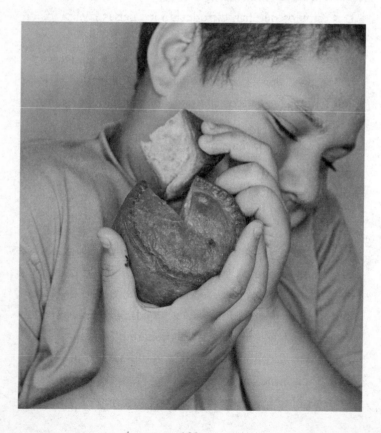

más práctico informarse y actuar, que preocuparse y desesperarse.

- Si los padres de un niño son obesos, éste tiene un 80% más de posibilidades de serlo también.
- Si sólo uno de los progenitores es obeso, las probabilidades de que el niño también lo sea son del 50%.
- Algunas enfermedades genéticas y neuroendocrinológicas pueden causar la obesidad infantil, pero son casos muy raros y excepcionales.
- Algunos medicamentos predisponen a la obesidad.

Principales enfermedades relacionadas con la obesidad

La obesidad aumenta el riesgo de padecer enfermedades tales como:

- La diabetes del tipo 2.
- La hipertensión.
- Enfermedades cardiovasculares.
- Ciertos tipos de cáncer.
- La artritis.
- El aumento de colesterol en la sangre.
- La elevación del nivel de insulina.
- Problemas ortopédicos.
- Infecciones micóticas.
- Problemas hepáticos.
- Enfermedades psicológicas.
- Intolerancia a la glucosa.
- Predisposición a las enfermedades respiratorias.
- Cansancio y fatiga.

- Problemas cutáneos.
- Estreñimiento.
- Cálculos biliares.

Algunas consecuencias psicológicas de este trastorno

La obesidad provoca, como acabamos de ver, muchos problemas relacionados con la salud física, pero además puede tener importantes consecuencias psicológicas para el niño. Veamos cuáles son este tipo de consecuencias:

- El pequeño suele ser el blanco de burlas y mofas.
- El niño tiende a separarse del grupo y a tener problemas de aislamiento.
- Puede padecer problemas de marginación social.
- A menudo tienen una baja autoestima.
- Pueden sufrir cuadros depresivos.
- Problemas de ansiedad.
- Bajo rendimiento escolar.
- Mayor probabilidad de sufrir trastornos alimentarios graves: como la bulimia o la anorexia nerviosa.

"La educación nutricional debe darse desde la infancia. La obesidad no se hereda, lo que se hereda son los malos hábitos."

Elena Rupérez, especialista en nutrición y obesidad

13
Rubén es alérgico al huevo

Existen determinados alimentos que pueden producir reacciones adversas en algunas personas. Este problema suele iniciarse durante la infancia. Las alergias se producen cuando el sistema inmunitario del niño cree erróneamente que las proteínas de un alimento determinado son dañinas. Como respuesta ante la supuesta amenaza su organismo produce unas sustancias químicas, que son las que producen los síntomas adversos que los padres solemos detectar. Actualmente se está produciendo un aumento significativo de los casos de alergias alimentarias entre la población infantil. Aunque las cifras no son del todo fiables, porque podría haber numerosos casos sin diagnosticar, se cree que en España alrededor del 5-10 por ciento de los niños menores de 10 años sufren alguna forma de alergia alimentaria.

¿Son lo mismo las alergias y las intolerancias?

Estos dos términos a menudo aparecen asociados, pero definen trastornos distintos.

Intolerancia:

- Es una reacción frente a un determinado alimento que no está mediada por un mecanismo inmunológico.
- Los síntomas que la acompañan suelen ser de tipo general: dolor abdominal, náuseas, vómitos y diarrea.
- Puede deberse a una alteración farmacológica o de causa desconocida; o a un defecto de alguna enzima encargada de metabolizar ese alimento.

- Algunas intolerancias desaparecen cuando el niño crece, probablemente porque la mucosa intestinal ya ha madurado lo suficiente como para tolerar el alimento.

Alergia:
- Es una reacción mediada por un mecanismo inmunológico.
- Sólo afecta a aquellas personas que se han sensibilizado previamente al alimento, por lo que pueden haberlo ingerido en otras ocasiones sin haber padecido ningún tipo de reacción.
- La predisposición genética es el factor más importante en este tipo de enfermedades: por eso suele ir asociada a otro tipo de alergias cutáneas, respiratorias, etc.
- Los síntomas suelen ser de tipo alérgico: cutáneos (picor, habones) y respiratorios (rinitis, broncoespasmo, lagrimeo).

Principales alimentos que causan alergias en los niños
- La leche de vaca.
- Los huevos.
- El pescado.
- Los frutos secos (cacahuete, castaña, avellana, etc).
- La fruta fresca (melocotón, kiwi, fresas, etc).
- La soja.
- El trigo.
- El marisco (gambas, etc).

Síntomas adversos más comunes:
Síntomas cutáneos:
- Urticaria aguda: consiste en la aparición de habones en la piel,

picor o hinchazón de cara, labios u orejas. Puede manifestar-se por todo el cuerpo o solo por la zona de contacto.

- Dermatitis atópica: suele darse en niños que tienen la piel sensible y problemas cutáneos de todo tipo desde el nacimiento, pero que muchas veces se asocian con alergias alimentarias (sobre todo en el caso de la leche y los huevos, que intensifican su problema cutáneo de base).

Síntomas respiratorios:
- Rinitis aguda: estornudos, picor nasal, aumento de la secreción nasal y obstrucción.
- Afectación laríngea: picor, tos seca, afonía y sensación de opresión en la garganta.
- Afectación bronquial: crisis asmáticas.

Síntomas digestivos:
- Dolor abdominal
- Náuseas o vómitos
- Diarrea

¿Qué es una reacción anafiláctica?

Es la forma más grave de reacción alérgica. Por suerte se produce muy raramente. Se caracteriza por la aparición de distintos síntomas de forma simultánea en diferentes partes del cuerpo. En ella están implicados más de dos órganos vitales y/o afectación del sistema cardiovascular: hipertensión, arritmias, síncopes, etc. Puede llegar a provocar la muerte. Los alimentos son los responsables de aproximadamente la mitad de los cuadros de anafilaxia en los niños.

¿Cómo se detectan las alergias alimentarias?

- La introducción de los alimentos: lo normal es detectar las alergias cuando se empiezan a introducir nuevos alimentos, es decir, cuando se diversifica la dieta del niño. Para que te resulte más sencillo, debes introducir los alimentos nuevos de uno en uno, sobre todo cuando se trate de alguno de los alimentos que provocan la mayoría de reacciones adversas. Así pues, introduce una pequeña cantidad del alimento nuevo y comprueba si el niño manifiesta algún síntoma preocupante. Repite la operación un par o tres de veces. Si todo va bien podrás descartar que tu hijo sea alérgico a dicho alimento.

- La observación de los síntomas: si tu hijo sufre la misma reacción cada vez que ingiere un alimento y dicha reacción se inicia al poco rato de consumirlo, es muy probable que el pequeño sea alérgico a dicho alimento. Si los síntomas aparecen transcurridas algunas horas (tensión abdominal o molestias gástricas, por ejemplo), es más probable que se trate de una intolerancia.

Cuál es el enfoque correcto

- Si sospechas que tu hijo puede sufrir algún tipo de alergia o intolerancia, acude al pediatra o a un especialista, para que le haga un estudio detallado y le diagnostique correctamente.

- Las alergias no tienen cura; por tanto, la única forma de prevenirlas es evitando la ingestión del alimento alergénico.

- Avisa a todas las personas que se relacionen con el niño: familiares, cuidadores, guarderías y colegios, etc. No olvides notificarlo cuando vaya a alguna fiesta de cumpleaños o se quede a dormir en casa de un amiguito.

- Si tu hijo es alérgico a un grupo completo de alimentos, como por ejemplo los lácteos, acude al pediatra o a un nutricionista infantil para que compruebe si está recibiendo todos los nutrientes que necesita a través de otros alimentos.

- Aprende a interpretar correctamente las etiquetas alimenticias para poder detectar el alimento que causa el problema en tu hijo: a veces un mismo alimento aparece con distintos nombres o incluido en un grupo de alimentos.

- En caso de consumo accidental hay que acudir urgentemente a un centro sanitario. Si los síntomas son leves, probablemente bastará con administrarle algún antihistamínico; si son más graves puede ser necesaria la administración de adrenalina subcutánea o de corticoides, y/o un tratamiento adecuado del aparato respiratorio si se ha producido una crisis asmática.

> "Los síntomas de las reacciones alérgicas generalmente se manifiestan en los dos primeros años de vida, coincidiendo muchas veces con la introducción de los distintos alimentos en la dieta."
> Mª Cruz Llopis Garrido, especialista en pediatra

14

¡Pero te quieres estar sentado!

A veces a los padres nos gustaría que bastara con decir las cosas una vez para que nuestros hijos se comportaran correctamente. Pero la verdad es que no suele funcionar así. Como adultos que somos, sabemos que lo correcto es comer sentado a la mesa, con tranquilidad y disfrutando del momento, pero nuestros hijos deben aprender dicho comportamiento, y no suelen hacerlo de la noche a la mañana. Alrededor de los dos años, cuando el niño empiece a incorporarse a las rutinas familiares, debemos enseñarle a permanecer sentado en la mesa. Para ello nos armaremos de paciencia y aplicaremos unas pautas concretas. La buena noticia es que, como casi siempre, el esfuerzo vale la pena.

Por qué le cuesta tanto estar sentado

- Los niños son inquietos por naturaleza y además rebosan energía.
- A los niños pequeños les cuesta estar concentrados en una misma tarea más de 15 minutos: pasado ese tiempo es fácil que se aburran y que decidan cambiar de actividad.
- Alrededor de los dos años los niños suelen pasar de la trona a la silla normal con cojines o a una silla adaptada: la principal diferencia es que ahora el niño puede decidir que ya se ha cansado de estar sentado y bajarse libremente de la silla.

Cómo abordar el tema

- Implica a tu hijo en la preparación de la mesa y la comida: pídele que te ayude a poner los cubiertos y las servilletas en la mesa, y a poner las aceitunas en un platito.

- Organiza una única comida para todos: no le des de comer antes, a él solo, en la cocina. Sentaos todos en la mesa. No olvides que los niños aprenden básicamente por imitación, de modo que lo más efectivo será que vea cómo os comportáis vosotros a la hora de las comidas.

- Inicia una conversación relajada y distendida: pregúntale por sus amigos e interésate por sus cosas, para que no se aburra antes de tiempo.

- Cuando esté tranquilo y sentado, felicítale y dile lo orgulloso que te sientes de él.

- Si ves que no entiende la situación y crees que podría deberse a que lo has sacado demasiado pronto de la trona, vuelve a sacarla del trastero y espera algunos meses más. Cuando creas que ya está preparado, vuelve a intentarlo.

- Intenta que el rato de la comida resulte agradable para todos: así es más probable que le apetezca formar parte de ello.

- Si tu pequeño se levanta o no quiere sentarse, intenta no hacerle caso. Sigue hablando con el resto de comensales como si no pasara nada. No hagas ningún comentario ni ningún llamamiento a su actitud, aunque para ello tengas que morderte la lengua. Lo normal es que pasados algunos minutos, al ver que nadie le hace caso, el niño vuelva a la mesa, se siente y empiece a comer. Aprovecha ese momento para reforzar la actitud positiva, es decir, reconoce su esfuerzo y alaba su actitud sin hacer la más mínima alusión a su comportamiento anterior: "Me encanta verte comer así, sentado en la mesa, con nosotros, ¿qué me estabas contando de tu balón?".

- Si a pesar de todo el niño opta por no volver a la mesa, cuando deis por terminada la comida debéis recoger la mesa y pasar a otra actividad. No le hagas ningún reproche, comentario o alusión a su actitud. No le des nada más de comer hasta la próxima comida. Lo único que podrá tomar a partir de ese momento será agua. Debes mostrarte tranquilo pero firme. Piensa que lo estás haciendo por su bien y por el bien de todos. No le pongas mala cara ni te enfades, pero tampoco cedas a sus ruegos cuando te diga que tiene hambre, aunque haga una pataleta. Sólo así conseguirás que entienda que la única forma de llamar tu atención a la hora de la comida es mantenerse sentado en la mesa.
- Jamás, jamás, cedas a la tentación de perseguirle por toda la casa con la cuchara llena de sopa, para que coma. Ya sé que puede resultar muy desesperante ver que tu hijo no come. Pero si utilizas este sistema tu hijo no aprenderá nunca a comer solo y además no sabrá distinguir las señales de hambre y saciedad que su cuerpo le envía, porque estará pendiente de otras cosas, y es más probable que desarrolle trastornos alimenticios en un futuro próximo.

> "Los problemas alimentarios prolongados pueden tener consecuencias físicas severas que incluyen complicaciones de retraso en el crecimiento o de baja ingesta nutricional."
> Irene Chatoor, psiquiatra infantil y especialista en trastornos de la alimentación

15
Mi hijo escupe la comida

Casi todos los niños escupen en un momento u otro la comida que tienen en la boca. Resulta bastante desagradable y genera mucha suciedad, pero no debemos alarmarnos ya que en realidad es una reacción bastante normal y comprensible.

¿Por qué escupe la comida?

Esta reacción tan poco afortunada puede deberse a distintos motivos:

- Si ocurre durante el destete, es decir, cuando empiezas a introducir alimentos nuevos en la dieta del niño, es muy probable que se deba a que tu pequeño todavía no está acostumbrado a los sólidos o semi sólidos y no sabe muy bien qué hacer con ellos. Piensa que no tardará en aprender a meterlos hacia dentro y a tragárselos, así que no te desesperes y confía en él.

- Es probable que sea su forma de decirte que ya está lleno y no quiere seguir comiendo: recuerda que todavía no sabe hablar y que sus recursos para comunicarse contigo son relativamente limitados. Escupir la comida o simplemente abrir la boca para dejar que se le caiga le parece un método perfectamente legítimo y, sobre todo, muy efectivo. Al menos desde su punto de vista.

- A lo mejor es que ese alimento en concreto no le gusta, o que piensa que se lo estás dando demasiado rápido y necesita tomarse un descanso entre cucharada y cucharada. Deja pasar unos segundos y vuelve a intentarlo.

- También es posible que intente llamar tu atención o la de los demás comensales. En este caso es muy importante que no te rías ni armes ningún alboroto. De lo contrario podría aficionarse a ello.
- A los niños pequeños les encanta experimentar: es posible que esté intentando averiguar qué ocurre si escupe: para él no es más que una habilidad nueva que le ofrece un sinfín de posibilidades.

Algunos consejos prácticos

- Si estás dándole de comer y de repente escupe la comida, deja de alimentarlo e intenta averiguar a qué se debe dicha actitud.
- Si crees que intenta reclamar tu atención, ignórale y limítate a limpiar lo que ha ensuciado. No te enfades ni caigas en su juego o estarás perdido.
- Ofrécele una cuchara: el interés que despertarás con esta novedad le hará olvidar su recién descubierta habilidad.
- Dale un trozo de fruta o de pan, para que tenga las manos y la mente ocupadas en algo interesante.
- Distráele contándole algo: tu bebé todavía no sabe hablar, pero oye perfectamente; y le encanta oírte hablar.
- Si te queda claro que escupe sólo por diversión y no consigues que pare, adviértele. Si a pesar de todo continúa, explícale que la comida es para comer y no para jugar y retírale el plato. Así quizás la próxima vez se lo pensará dos veces antes de hacerlo. Y ten paciencia; a lo mejor no lo coge ni a la primera ni a la segunda, pero acabará entendiéndolo.

"**Cuando se empiezan a introducir los sólidos no es conveniente variar de alimentos todos los días; es preferible dejar que el bebé saboree el mismo alimento durante dos o tres días, para que pueda familiarizarse bien con él.**"

Marcos Mercado, pediatra

16
Una dosis de buenos modales

En la mesa podemos pasar momentos muy agradables con nuestros hijos, pero también momentos muy tensos y descontrolados. Cuando los niños cumplen tres o cuatro años, sobre todo si hay hermanos mayores en casa, la hora de la comida puede convertirse en una competición de eructos y bocas atiborradas salpicada por una gran variedad de funciones corporales inapropiadas, todo ello aderezado con risas incontroladas y bocados a medio masticar que se caen de las bocas. Si no te apetece para nada encontrarte con un escenario como ese, lo mejor es que fomentes los buenos modales desde el principio. Tus hijos deben entender que en la mesa pueden compartir una broma, hablar de sus cosas y divertirse, pero sin recurrir a los malos modales.

¿Por qué se portan mal en la mesa?

✔ Se aburren y optan por hacer el payaso.
✔ Suelen tener público: el resto de comensales se ven obli-

gados a ver sus tonterías porque no deben abandonar la mesa hasta que terminen de comer.

✔ Aprenden rápidamente que los padres están dispuesto a aguantar más boberías que en otros momentos, porque lo que más les preocupa durante las comidas es que sus hijos se alimenten correctamente.

Algunas cosas que puedes probar

- Comer todos juntos en familia o, como mínimo, siéntate con tu hijo mientras le das de comer y tómate un aperitivo.

- Asegúrate de que la silla en la que se sienta le resulta cómoda: debe estar a la altura adecuada respecto a la mesa. En el mercado existen sillas que pueden adaptarse a distintas alturas, es decir, que van creciendo con el niño. También puedes utilizar el sistema tradicional, es decir, el de elevar al niño con unos cojines.

- Elogia el buen comportamiento e intenta ignorar los malos modales: siempre hay que dar más importancia a lo positivo que a lo negativo.

- Confecciona una gráfica en la que se valore estar sentado hasta el final de la comida, el buen uso de los cubiertos, el ser limpio y educado, el recoger los platos, etc. Cuando lo haga bien dale una pegatina verde para que la pegue en el recuadro correspondiente de la gráfica. Cuando haya reunido diez o quince pegatinas, déjale elegir el postre de una comida.

- Enséñales con el ejemplo: utiliza tú unos buenos modales y deja que te imiten.

- No dejes que lleven juguetes a la mesa: hay momentos para jugar y momentos para comer y deben aprender a distinguirlos.

- No pongas la televisión mientras coméis: es mejor fomentar la conversación y enseñarle a disfrutar de pasar un rato juntos reunidos y charlando.

- De vez en cuando organiza una comida elegante en familia: adorna la mesa con un centro que hayan confeccionado los niños o con unas velas, pon música de fondo y anímales a vestirse de etiqueta. Pueden participar en la elección del menú y en la preparación de los platos. Explícales que ese día deben usar unos modales exquisitos. Lo más probable es que se lo tomen como un juego y se impliquen muchísimo.

Normas básicas en la mesa

Cuando los niños tengan edad suficiente, es decir, alrededor de los cuatro o cinco años, debemos introducir algunas normas básicas en las comidas. Hazlo de forma paulatina y empezando por las cosas más sencillas y evidentes:

- No se habla con la boca llena.
- Hay que mantener la cabeza erguida: es la comida la que va hasta la boca y no la boca la que se acerca a la comida.
- No se come con la cabeza apoyada en una mano: la cabeza está bien sujeta, de modo que no hace falta sostenerla.
- Los codos no se apoyan en la mesa.
- La mesa no debe abandonarse hasta que todo el mundo termine.
- Si se le escapa un eructo, debe taparse la boca y pedir perdón en seguida.
- En la mesa no se silba ni se canta.
- Entre bocado y bocado los cubiertos deben dejarse apoyados en el plato. No se habla con el tenedor en la mano, yendo de un lado a otro, ni se pincha el siguiente bocado

hasta que el anterior se ha masticado y ha desaparecido de la boca.

- La comida no debe tocarse con las manos: para eso están los cubiertos. Piensa, además, que al usar los cubiertos el niño realiza un ejercicio de psicomotricidad fina que le resultará muy útil para adquirir otras habilidades en el futuro, como por ejemplo el dominio de la escritura.
- El único alimento que pueden tocar y trocear con las manos es el pan; le enseñaremos que puede usarlo también para empujar la comida.

Ventajas de los buenos modales

- Podrás disfrutar de salir a comer fuera, a un restaurante, con toda tu prole.
- Te costará menos dejar a tu hijo a comer en casa de otras personas, como los abuelos o los primos. Y eso te permitirá hacer una escapada de vez en cuando.
- Cuando sea mayor no se sentirá intimidado ante las situaciones sociales y será capaz de disfrutar del momento.
- Conseguirás que tu hijo sea más autónomo y tenga una mayor confianza en sí mismo.
- Mejorarás las relaciones familiares: comemos todos los días y varias veces al día, así que fíjate en la de ocasiones que tendrás para estrechar los lazos afectivos con el resto de miembros de la familia.

"En todas las culturas la alimentación va asociada a un acto social, a un ritual que integra la nutrición y el mantenimiento de vínculos afectivos con todos los participantes en el ágape. Esto es así tanto en las comidas diarias en familia, a las que no atribuimos ninguna trascendencia, como en las celebraciones extraordinarias que preparamos con el máximo esmero."

Teresa Baró, asesora de comunicación personal

17

Ya voy, mamá

Los niños pequeños suelen abstraerse mucho cuando realizan alguna actividad que les gusta, ya sea ver un programa de televisión o hacer un rompecabezas de ocho piezas, hasta el punto que a veces les cuesta pasar de una actividad a la siguiente. Por eso, cuando le llamas para que venga a cenar, muchas veces te contesta con un "ya voy" o un "espera" que en realidad significa "todavía no estoy listo" o "necesito un empujoncito para cambiar de actividad". Su negativa a dejar lo que está haciendo no tiene porqué ser sinónimo de un problema con la comida. Si ocurre algo parecido cuando llega la hora del baño o por la mañana, cuando tenéis que salir de casa para ir al colegio, puedes estar seguro de que el problema no es de tipo alimentario.

Qué puedo hacer para ayudarle a pasar de una actividad a otra

Este tipo de conductas pueden resultar agotadoras y desesperantes para los padres, pero es importante que entiendas que tu hijo no lo hace para fastidiar y que si le ayudas un poco su actitud puede mejorar de forma considerable.

- Si tu hijo está muy entretenido cuando se acerca la hora de comer, piensa en alguna actividad que pueda servir de transición entre el juego y el momento de sentarse a la mesa:
  - Pídele que se lave las manos y la cara: estarás reforzando unas correctas normas de higiene y de paso le darás tiempo para descargar la ira que le pueda provocar el hecho de haber tenido que abandonar el juego.
  - Nómbrale encargado de poner la mesa: se sentirá importante con su nuevo cargo y verá el acto de la comida como algo más interesante.
  - Proponle un intercambio de papeles: pídele que avise a los demás comensales de que la cena está lista; así verá la situación desde tu punto de vista y comprenderá lo molesto que puede resultar que alguien no te haga caso.
  - Enséñale a recoger la habitación: servirá de transición; además, cuando lleve un rato recogiendo es posible que prefiera cambiar de actividad y sentarse a la mesa sin que se lo digas, porque a los niños les aburre un poco lo de recoger.
- En vez de considerar que el objetivo es lograr que se siente a la mesa, piensa que es conseguir que deje el juego o la actividad que esté realizando. Distráele con otra propuesta que también le resulte placentera:
  - Cógele en brazos y proponle una adivinanza: "¿A ver si adivinas que vamos a cenar hoy?" Coloca el puño cerrado sobre su cabeza, frótalo contra la parte de arriba de su cabecita, huélete el puño y di: "Me parece que vamos a

tomar sopa. Ahora prueba tú, a ver si adivinas el segundo". Deja que él haga lo mismo con su puño. Luego entrad en la cocina y comprobad si habéis acertado. Para cuando terminéis el juego el niño ya estará pendiente de la comida y casi seguro que le costará menos sentarse a la mesa.

● Conviértete en la máquina de un tren, entra en su habitación y dile que te han mandado a recoger un vagón muy especial que se llama Ana (si ese es su nombre); pídele que se enganche al tren y llévalo hasta el baño. Dile que esa es la primera parada y que debe lavarse bien las manos. Luego llévale hasta la cocina, dile que esa es la segunda parada y enséñale el menú de la noche. Finalmente llévale al comedor, dile que esa es la última parada porque ya habéis llegado a vuestro destino y pídele que se siente a la mesa. Si tiene hermanos, el tren debe recoger a todos los comensales, de uno en uno. Verás como todo el mundo se sienta a la mesa de muy buen humor.

Otras ideas que pueden resultarte útiles

● Avisa a tu hijo como mínimo dos veces: cuando falten unos diez minutos infórmale que dentro de un rato pequeño le avisarás para ir a comer. Vuelve a avisarle cuando falten sólo tres minutos. Dile que tiene que empezar a recoger, ir a lavarse las manos e ir a la cocina para echar una mano.

● También puedes acotar el tiempo a partir de algo que esté haciendo: "Cuando termine este capítulo de dibujos que estás viendo, apagaremos la tele y nos iremos a preparar la comida". Si le obligas a sentarse a la mesa a medio programa, es más probable que muestre resistencia.

- Intenta que la hora de las comidas resulte agradable y relajante: si lo recuerda como una buena experiencia es menos probable que ponga problemas.
- Si está jugando a las muñecas puedes entrar en su juego y decirle que su muñeca parece muy cansada, que crees que debería hacer la siesta; luego añade que podéis aprovechar ese rato para comer. Si está jugando con sus cochecitos, explícale que al coche parece que se le ha calentado mucho el motor y que necesita descansar un rato en el garaje; o que ha sufrido una avería y debe dejarlo en el taller un rato para que lo reparen. Si muestras empatía te resultará más fácil ganarte a tu hijo.

"Es muy importante que vea en nosotros el placer de comer. El acto de comer implica muchas más cosas que el simple hecho de engullir y digerir. Ponle cuanto antes a tu lado en la mesa, junto con el resto de la familia, y haz de ese instante un momento de convivencia."

Pelancha Gómez-Olazábal, de la Asociación Española de Pediatría

18
Con Alberto las comidas se hacen eternas

Hay niños que comen de todo, pero lo hacen de un modo tan lento que consiguen que sus padres se desesperen. Las horas de las comidas se eternizan, los padres se pasan el rato pendientes de si se meten la siguiente cucharada en la boca o de si ya se han tragado la anterior y como consecuencia ese momento del día se convierte en un verdadero calvario para todos los miembros de la familia. Ya sé que a los padres les genera una gran ansiedad enviar al niño a la cama sin cenar o habiendo tomado tan solo tres cucharadas del plato, pero piensa que tu hijo no se va a morir de hambre por saltarse una comida y que tu objetivo es enseñarle unos buenos hábitos que le sean útiles durante el resto de su vida.

¿Por qué algunos niños comen tan despacio?
Un niño puede comer lento por distintos motivos:

- La comida no le interesa para nada: el niño come para sobrevivir, pero no disfruta comiendo.
- El niño se aburre sentado a la mesa.
- El niño se distrae con una mosca: le cuesta concentrarse y mantenerse centrado en una actividad.
- A tu hijo no le gusta el menú y opta por la técnica del desgaste: si te cansas de verle marear las judías, lo más probable es que se las perdones.
- Tu hijo es un vago y quiere que papá o mamá le den de comer como cuando era más pequeño: aprende que si se eterniza, al final cedéis a sus caprichos para acabar antes.

- El problema es que tu pequeño es lento para todo: también tarda una hora para lavarse los dientes o para vestirse.
- Lo hace para llamar la atención: con esta actitud consigue que estés pendiente de él y que te pases dos horas sentado a su lado.

Pautas a seguir para solucionar el problema

- Debes informarle del tiempo de que dispone para comer. Explícale que esa es una actividad que debe realizar en un tiempo determinado, que no todos tardamos lo mismo, pero que si tarda demasiado no es bueno para su cuerpo y además acortaría demasiado los tiempos entre una comida y la siguiente.
- No reduzcas el tiempo de golpe. El objetivo debe ser que complete el ágape en un máximo de 45 minutos, pero si estaba tardando una hora y media lo correcto es ir reduciendo el tiempo poco a poco. Compra un reloj que lleve alarma y colócalo sobre la mesa, en un lugar donde el niño pueda verlo y oírlo sin problemas. Los primeros días programa la alarma para que suene transcurrida una hora. Cuando suene, retírale el plato y explícale que podrá comer de nuevo a la hora de merendar. Luego, cuando ya sea capaz de acabárselo todo sin problemas en una hora, ves reduciendo el tiempo, cinco minutos cada vez. Mantén cada tiempo un mínimo de 7-10 días, para asegurarte de que realmente es capaz de comer en ese tiempo, sea cual sea el menú y su estado de ánimo.
- Mientras dure la comida, no hagas ningún comentario relacionado con lo que tarda o deja de tardar en comer. Deja que sea él el que se vaya regulando. En vez de eso habla de

temas que puedan interesarle, como sobre los planes que tenéis para ese día o sus amiguitos.

- Prohibidas las frases del tipo:"Ya no te queda mucho tiempo, espabila" o "Venga, mastica, que llevas cinco minutos con el mismo trozo de carne en la boca" o "¿No te parece que ya eres muy mayorcito como para tardar tanto?".

- Alábale cuando consiga el objetivo:"Muy bien, has terminado en menos de una hora, antes de que sonara la alarma. Estoy muy contento".

- No cedas a sus chantajes:"Me como tres cucharadas y ya" o "Prefiero un huevo frito".Tu casa no es un restaurante y hay cosas que no son negociables.

- Ponle una cantidad pequeña en el plato: si ve mucha comida es posible que se desmoralice antes de empezar. Más adelante, cuando haya aprendido a comer con un cierto ritmo, ya podrás trabajar el tema de la cantidad.

- El ritmo de la comida lo marcarán el resto de comensales: cuando llegue el momento de servir el segundo plato, sírvelo, aunque él vaya retrasado.

- En cuanto suene la alarma, recoge la mesa y dile que el tiempo que tenía para comer ya ha terminado y que por tanto puede irse a jugar o a realizar otra actividad. Retírale el plato sí o sí.

- Es muy importante que no le dejes picar entre horas: olvídate de frases como "No comer por haber comido" o "Más vale poco que nada". Debes dejarle claro que hasta la comida siguiente lo único que puede tomar es agua. Ni siquiera debes ofrecerle un vaso de leche o un zumo, ya que a este efecto se consideran comida.

- No dejes a la vista y mucho menos a su alcance alimentos o chucherías que puedan parecerle atractivos.

Algunas nociones a tener en cuenta

- No utilices este método si tu hijo tiene un problema de bajo peso o algún problema de salud serio.
- No utilices este método antes de que el niño cumpla los seis meses de edad.
- Si tu hijo tiene un problema de inapetencia, pregúntale a su pediatra si sería conveniente que tomara un suplemento alimenticio o vitamínico.
- No utilices la alimentación como castigo, ya que podría convertirse en una práctica peligrosa con nefastas consecuencias. No le digas jamás cosas como: "Si no recoges los juguetes te quedas sin comer" o "Si no te metes en la bañera ahora mismo te vas a la cama sin cenar".

"Una comida debe durar como mucho unos 40-45 minutos. Luego debe darse por terminada, aunque el niño no haya terminado."
Ernesto Saéz Pérez, pediatra

19

A mi hija le da asco la comida

Algunos niños tienen una facilidad increíble para vomitar. Ello se debe en parte a que conservan un reflejo que tienen desde el momento en el que nacen y que evita que se ahoguen cuando se atragantan. Con el tiempo, y si nosotros reaccionamos de forma errónea, es posible que aprendan a vomitar de forma voluntaria y que utilicen esa habilidad para librarse de comer aquello que no les gusta o de otras actividades o responsabilidades. La actuación de los padres ante este tipo de conducta será fundamental para hacerlas desaparecer. Es ver-

dad que el vómito suele ser muy escandaloso y puede ponernos nerviosos, pero piensa que sólo conseguirás que deje de utilizar ese tipo de reacciones si eres capaz de controlarte.

Qué debo hacer

✔ Lo primero que debes hacer es asegurarte de que el vómito no se debe a ninguna enfermedad o trastorno que pudiera sufrir el niño. Consulta con el pediatra o llévale a un especialista; así estarás tranquilo cuando apliques los consejos que encontrarás a continuación.

✔ No reacciones enfadándote ni preocupándote ya que el niño podría interpretar que te altera tanto con su comportamiento que luego puede conseguir lo que quiere.

✔ No le ofrezcas otra cosa que pueda apetecerle más, ya que se acostumbrará a chantajearte siempre que le apetezca.

✔ Dile que no se asuste y que no pasa nada; utiliza en todo momento un tono tranquilo y calmado.

✔ Pídele que te ayude a limpiarlo y a recogerlo, para que también él vea que es algo desagradable. Pídele que te ayude con algo apropiado para su edad: llevar el plato sucio a la cocina, pasarle agua y meterlo en el lavaplatos, pasar la fregona por el suelo, limpiar la mesa con una bayeta, etc.

✔ Cuando esté todo recogido, vuelve a servirle otro plato con la misma comida. Debe entender que no hay un menú a la carta, si no un plato del día. Si cuando pase el tiempo estipulado para comer, la comida sigue en el plato, retírasela y deja que se levante de la mesa. No le des nada de comer hasta la comida siguiente; sólo puede tomar agua. Con un poco de suerte entenderá que su reacción no tiene ninguna consecuencia positiva y conseguirás que poco a poco vaya dejando de hacerlo.

> **"El niño aprende por imitación, por tanto será muy útil para él comer con los adultos y hermano, para poder aprender esas normas básicas que acompañan al momento de la comida."**
>
> Silvia Giao, psicopedagoga

20
Mi pequeño hace bolas con la comida

Uno de los problemas más típicos entre los más pequeños, sobre todo cuando empiezan a tomar alimentos sólidos de todo tipo, es decir entre los 2 y los 3 años, es el de no ser capaces de masticar y tragar correctamente determinados tipos de comida, como por ejemplo la carne de cerdo y de ternera o incluso la de ave. Piensa que se trata de una nueva destreza que tu hijo está adquiriendo, y que hay niños que necesitan más tiempo para dominarla.

Por qué hacen bolas los niños

- Porque todavía no dominan la técnica de masticar, o no la dominan lo suficiente como para poder masticar correctamente aquellos alimentos que son más duros. Piensa que hace dos días tu hijo todavía tomaba la comida triturada; además, aún le faltan piezas dentales importantes y las que tiene todavía son pequeñas. También la musculatura de su mandíbula se está desarrollando.

- Si a tu hijo no le interesa demasiado la comida posiblemente se aburra y le cueste seguir haciendo el esfuerzo que supone para él la masticación en esta fase de desarrollo. Si no le atosigas y le dejas descansar un rato, es posible que se anime a comer unos cuantos trozos más.

- También es posible que haga bolas cuando un alimento no le gusta, o sea, que aprenda a pasearlo de un lado a otro de la boca pero sin llegar a masticarlo.

- Puede ser asimismo una reacción de oposición frente a las prisas. Si te pasas el tiempo achuchándole a lo mejor opta por cerrase en banda y dejar de masticar. Piensa que para un niño el concepto de tiempo es distinto que para un adulto, y que siempre es preferible respetar su ritmo, dentro de unos límites, claro.

Consejos pensados para solucionar el problema

- Si tu hijo hace bolas siempre que le pones carne u otro alimento igual de duro para comer, es posible que todavía no esté lo suficientemente maduro para ese tipo de sólidos. Ofrécele la carne con otros formatos; en forma de albóndigas, croquetas, filetes rusos, etc.

- Prueba a darle la carne empanada: a algunos niños les resulta más fácil de comer al principio.

- Córtale la carne en trozo más pequeños y no dejes que se meta a la vez más de un trozo en la boca: se trata de evitar que la comida se le acumule en la boca. Más adelante deberás aumentar gradualmente de nuevo el tamaño de los trozos.

- Cuando le toque comer alguno de los alimentos que más le cuestan, ponle una cantidad pequeña. Lo importante es que se vaya acostumbrando a ellos y que coma de todo, aunque sea en pequeñas proporciones. Ya habrá tiempo de aumentar las raciones.

- Respeta su ritmo dentro de un orden: no se trata de dejarle dos horas sentado en la mesa, si no de no meterle prisa ni agobiarle.

- Si un día tienes prisa, porque tiene que ir al médico o llegas tarde a alguna actividad, facilita las cosas planeando un menú que le resulte fácil de comer. Deja los alimentos más complicados para el fin de semana o para los días que puedas tomártelo con más calma.

> "No frenes el desarrollo del niño. Para él es tan importante el gusto como el tacto en el descubrimiento de los alimentos. Por eso debes permitir que toque los alimentos e incluso que embadurne la mesa con ellos."
> Pelancha Gómez-Olazábal, de la Asociación Española de Pediatría

21

A veces pienso que Marian vive del aire

Hay niño que parecen vivir literalmente del aire. Aparentemente nunca tienen apetito y muestran un interés nulo por la comida. Comen lo mínimo para subsistir y casi siempre obligados por sus progenitores. Eso sin duda resulta difícil de entender para la mayoría de padres, que sufren y se sienten culpables porque creen haber hecho mal. Si eres de los que disfrutan comiendo y más bien tienen que controlarse para no pasarse de la raya en la mesa, es muy probable que acabes pensando que tu pequeño está enfermo o sufre algún extraño trastorno. Pero recuerda que no eres tú, si no tu médico, el que debe controlar si el niño se está desarrollando con normalidad o no.

¿Debo preocuparme?

Los niños que no siguen las pautas que sus padres consideran correctas suelen generar mucha ansiedad y preocupación en sus mayores. Si tu hijo es de los que comen como un pajarito, yo te aconsejo que, en vez de empezar a desarrollar elaboradas teorías sobre el problema, pidas hora a tu pediatra y le cuentes lo que te preocupa. Sé sincero con él y luego escucha sus consejos y su diagnóstico. Lo primero que hará el pediatra es comprobar si el niño va aumentando de peso y de talla, aunque sea lentamente, o si se ha producido algún estancamiento o retroceso. Para ello usará unos gráficos de percentiles en los que aparecen el peso y la talla medios para las distintas edades. Si el médico dictamina que no hay un problema y que el niño se está desarrollando dentro de la normalidad, relájate e intenta quitártelo de la cabeza. Si por el contrario cree detectar algún problema, sigue sus consejos y directrices a rajatabla.

Algunos trucos que pueden resultarte prácticos

- Intenta olvidarte un poco del problema y siéntate a la mesa todo lo relajado que puedas: intenta transmitirle la idea de que las comidas, más allá de alimentarnos, son un rato ideal para charlar y estar juntos; así disminuirás la tensión de ese rato y conseguirás mejores resultados.

- Intenta no atiborrar a tu hijo de alimentos con un alto contenido en fibra, ni eliminar completamente de su dieta los productos grasos: algunos padres creen erróneamente que la dieta de sus pequeños será más sana si incluye muchos alimentos ricos en fibra, como la pasta integral o el muesli, y pocos alimentos ricos en grasa, por lo que optan por darles leche desnatada y utilizar muy poco aceite. Sin embargo, los niños necesitan una ingesta relativamente alta de productos grasos, tales como la leche entera o el aceite; y no deben abusar de los alimentos ricos en fibra, que pueden hacer que el niño se sienta saciado antes de haber ingerido los nutrientes y las calorías suficientes.

- No le ofrezcas cualquier alimento con tal de que coma algo: el chocolate, por ejemplo, le proporcionará calorías pero no le aportará ni las vitaminas ni los minerales que necesita para desarrollarse de forma saludable.

- Cuando cocines, añade un chorrito de aceite de oliva hacia el final del proceso de cocción.

Principales trastornos alimentarios

- Ofrece a tu pequeño alimentos como el queso, el aguacate, el yogur entero o los frutos secos.
- Prepárale bebidas nutritivas fáciles de tomar, como los batidos hechos con fruta fresca y leche o yogur.
- No le des alimentos con un bajo aporte calórico, tales como las tortitas de arroz, los yogures desnatados u otros productos *light*.
- No le ofrezcas ningún alimento ni bebida poco antes de las comidas, ya que su apetito se sacia en seguida y llegará a la comida principal sin hambre.
- Habla con tu pediatra y pregúntale si considera conveniente que tu hijo tome algún suplemento vitamínico o algún tratamiento fortalecedor.
- Ante la más mínima duda, acude al especialista.

> "La inapetencia es una actitud asumida por el niño, pro-
> ducida generalmente por unos malos hábitos inducidos
> por una mala técnica alimentaria, raramente se debe a
> problemas emocionales o a enfermedades orgánicas
> generales."
>
> Alicia Cleves, nutricionista

22
Ana no quiere comer sola

El acto de comer no implica sólo masticar y tragar la comida mecánicamente; engloba otras muchas cosas, como participar en la preparación de la comida, poner la mesa, saber estar sentado, mantenerse concentrado en una actividad durante un período determinado de tiempo, utilizar los cubiertos correctamente, etcétera. Así pues, enseñar a comer a nuestro pequeño es un proceso largo que requiere mucha dedicación y paciencia. En cuanto tu hijo sea capaz de permanecer sentado y de coger una cuchara, aunque sea con toda la mano, estará preparado para iniciar este aprendizaje.

Por qué retrasamos el momento
Algunos padres retrasan innecesariamente el momento de enseñarles a comer solitos. Los principales motivos suelen ser:
- Porque creen que todavía son demasiado pequeños.
- Porque están convencidos de que si les dejan comer solos tomarán menos cantidad de alimento.

- Porque anteponen la rapidez a la importancia de la autonomía del niño.
- Porque si le dan la comida minimizan la suciedad: tanto del niño como del espacio.

Las capacidades del niño según la edad

Lo primero que debes tener claro es cuándo está preparado y capacitado el niño para aprender esta habilidad. De todos modos no olvides que individuo es único y se desarrolla según su propio ritmo:

- Alrededor de los 12 meses: gracias a su desarrollo psicomotriz es capaz de coger una cuchara y llevársela a la boca, aunque en el proceso se le derrama una buena cantidad de alimento, sobre todo si este es líquido o semilíquido.
- Hacia los 18 meses: perfecciona la habilidad anterior de modo que derrama mucha menos comida.
- Alrededor de los 2 años: puede empezar a practicar con el tenedor y a entrenar la técnica de pinchar.
- Hacia los 36 meses: es capaz de manejar el tenedor y el cuchillo, aunque todavía demuestra bastante torpeza con estos utensilios.

Pautas de aprendizaje

- Cuando decidas que ya está preparado para iniciar el aprendizaje, explícaselo: "A partir de hoy vas a empezar a comer tu solito, porque ya eres mayor y sé que puedes hacerlo. Papá y mamá te enseñarán."
- Lo ideal es que para ese día tu hijo ya esté acostumbrado a colaborar llevando a la mesa utensilios sencillos, tales

como las servilletas, el salvamanteles y los cubiertos. Si no suele hacerlo, es un buen momento para empezar. De ese modo se sentirá más implicado en el proceso.

- Es aconsejable que os sentéis todos juntos a la mesa; así tu hijo se sentirá más mayor y verá que ya le consideráis uno más de la familia. Si el niño está acostumbrado a comer muy pronto y el resto de la familia todavía no tiene hambre a esa hora, mi consejo es que os sentéis igualmente a la mesa y os toméis un aperitivo mientras el niño come.

- Dale tú la primera cucharada y anímale a tomarse la siguiente. Si se muestra reacio, negocia un poco con él: "Tú te tomas dos y luego yo te doy otra". Las primeras veces es normal que se canse al poco rato así que si a media comida se niega a seguir comiendo solo, puedes acabar dándole el resto. El objetivo será ir ampliando poco a poco el tiempo que come él solo o el número de cucharadas que es capaz de tomar sin tu ayuda. No olvides que está aprendiendo y que se trata de un proceso largo y complejo.

- Cuando coma solo no olvides alabarle y mostrarle lo contento que estás; debes reconocerle cualquier avance que haga, por nimio que parezca.

- Si estás enseñándole a comer solo, olvida por algún tiempo otros aprendizajes paralelos, como por ejemplo enseñarle a comer de todo o a coger bien los cubiertos: primero enséñale a ser autónomo y luego ya pasarás a otros temas. Si quieres abarcar demasiado es posible que los resultados no sean los esperados.

- Intenta mantener una actitud tranquila, sin gritos ni amenazas: recuerda que le estás enseñando algo nuevo, que nadie nace enseñado y que eso que a ti te parece tan sencillo para él puede ser un duro aprendizaje.

- Si se niega por completo, es posible que todavía no esté lo suficientemente maduro: espera algunas semanas más y luego vuelve a intentarlo. Si crees que no quiere aprender a comer solo porque es muy vago, te aconsejo que te armes de paciencia e insistas un poco.
- Si un día tu hijo está especialmente cansado o enfermo, puedes ayudarle y darle de comer como cuando era más pequeño. Eso sí, intenta dejarle claro que le ayudas por esas razones.

Algunos consejos a tener en cuenta

No inicies este proceso de aprendizaje si:

- Tu hijo está enfermo.
- Tu hijo no está aumentando de peso.
- Tu hijo tiene menos de 6 meses de edad.
- Tu hijo está viviendo algún cambio importante en su vida: el nacimiento de un hermanito, el ingreso en una guardería, etc.
- Tu hijo sufre algún trastorno alimenticio.

"Si un niño pide algo más de comida luego debe comérselo, para que aprenda a modular su apetito y sepa dosificarse."

Palancha Gómez-Olazábal, de la Asociación Española de Pediatría

23
¡Otra vez pescado!

Como ya hemos mencionado anteriormente, el crecimiento depende en gran medida de las proteínas. Estas, además, resultan imprescindibles para el buen funcionamiento de las células y son las encargadas de formar en el organismo los anticuerpos que nos protegen de las infecciones. El pescado es una fuente rica en proteínas y por tanto un alimento muy aconsejable; sin embargo muchos niños parecen tener problemas con este alimento.

Las necesidades proteínicas a lo largo de la infancia y la adolescencia

- En los lactantes: las necesidades proteínicas son muy elevadas.
- A lo largo de la infancia: estas necesidades disminuyen.
- Durante la pubertad vuelven a elevarse: las chicas necesitan un aporte máximo entre los 10 y los 12 años; los chicos, entre los 14 y los 17 años.

Razones por las que no les gusta el pescado

- Las espinas: los niños odian encontrar espinas mientras comen, porque les resultan muy desagradables y les dan miedo. La solución está en ofrecerles el pescado en forma de filetes o lomos, sin espinas y sin piel. Puedes comprarlo congelado o pedir a tu pescadero que te lo prepare convenientemente.
- El sabor: a muchos niños el sabor del pescado les parece excesivamente fuerte; y también su olor. Para evitarlo pue-

des probar a macerarlo con un poco de limón, aceite y hierbas aromáticas, o acompañarlo con alguna salsa nutritiva en la que lo puedan mojar y que disfrace su sabor.

- La forma de cocción: el pescado hervido o a la plancha tiene un sabor fuerte que a veces no convence a los niños. Puedes prepararlo al horno, con unas patatas y un poco de cebolla, o rebozado, para que quede más jugoso.
- Solemos cocinarlo siempre de la misma forma: utiliza la imaginación y ofrécele el pescado de distintas formas, por ejemplo en una brocheta o preparado al papillote; seguro que descubres alguna fórmula para que se lo coma a gusto.

Por qué debes incluir el pescado en la dieta de tu hijo

- Existe la creencia de que el pescado contiene menos proteínas que la carne. Lo cierto es, sin embargo, que el pescado tiene una cantidad de proteínas similar a la carne y el huevo, sobre todo los mariscos y el pescado azul.
- La diferencia está en que las proteínas del pescado son poco fibrosas, es decir, contienen poco colágeno entre sus fibras musculares. Gracias a ello su carne resulta más tierna y su digestión más fácil y rápida. Por eso el pescado resulta una fuente de proteínas ideal para los más pequeños.
- Además, las proteínas del pescado son de alto valor biológico ya que contienen todos los aminoácidos esenciales, sustancias que el organismo no puede fabricar pero que resultan imprescindibles para el organismo.
- El pescado azul contiene un tipo de grasa insaturada que se considera "buena": me refiero a los ácidos esenciales

omega-3, que ayudan a disminuir el colesterol "malo" (LDL) y a aumentar el colesterol "bueno" (HDL). Además, protegen el aparato cardiovascular.

- Los pescados azules contiene algo más de grasa, motivo por el que pueden resultar más pesados de digerir, sobre todo si se ingieren fritos o rebozados. Es preferible que los sirvas a la plancha o al horno con un poco de salsa.

> "Las innumerables variedades de pescado a las que tenemos acceso, las múltiples posibilidades que ofrece el pescado en la cocina, junto con sus interesantes características nutritivas, lo convierten en un alimento obligado en la dieta de toda la familia, y recomendable a cualquier edad."
>
> Pedro Barreda, pediatra

24
A Lucía le da miedo comer

El miedo es una reacción normal que experimenta el cuerpo cuando tiene que hacer frente a determinadas situaciones que pueden suponer una amenaza física o psicológica. El miedo se convierte en una fobia cuando no desaparece, es desproporcionado e irracional, e interfiere de forma significativa en la vida del niño. Las fobias suelen ser consecuencia de algún suceso traumático que nos ha ocurrido a nosotros o a alguien cercano. Suelen padecer fobias los niños que muestran una cierta predisposición a la ansiedad.

Posibles desencadenantes de una fobia relacionada con la comida

- El niño se ha quemado con un biberón o una papilla: tras la experiencia traumática, el niño empieza a rechazar cualquier tipo de alimento, ya sea sólido o líquido, porque lo asocia con dicho acontecimiento traumático o con el dolor que le produjo la quemada.
- El niño se ha atragantado con un objeto o alimento pequeño: suele manifestarse cuando le ofrecemos alimentos sólidos ya que les hace revivir la experiencia vivida.
- El niño se ha clavado una espina de pescado: en este caso lo normal es que se niegue a comer pescado y a lo mejor también cualquier alimento que le parezca extraño o desconocido.

Cómo se superan las fobias

Una fobia solo se supera enfrentándonos a aquello que nos da miedo. En este caso, pues, tu hijo deberá enfrentarse a la comida o al tipo de alimentos que le producen dicho miedo. Para ayudarle puedes:

- Proporcionar a tu hijo estrategias que le ayuden a vencer su fobia: por ejemplo, enseñándole un método de relajación que deberá realizar antes de las comidas, para superar la ansiedad que le generan.
- Volver a la comida triturada (en el caso de atragantamiento) o templada (en el caso de quemadura) durante algún tiempo. Progresivamente ir aumentando la textura o la temperatura de los alimentos hasta que vuelva a aceptarlos sin problemas.

- Alabar continuamente cualquier progreso que realice el niño, por pequeño que sea.
- No hables del problema durante la comida.
- Intentar que el rato de la comida resulte especialmente agradable para el niño: para que deje de asociarlo con su recuerdo negativo.
- No atosigar ni presionar al niño: debes comprender que siente miedo de verdad y que no es capaz de controlar la fobia. Necesita tu ayuda, no tus gritos y recriminaciones.
- Debes ayudar y animar a tu hijo, acompañándolo en todo momento durante el proceso de superación de la fobia.
- Reconoce su valentía y prémialo de vez en cuando por sus esfuerzos.
- Ten mucha, muchísima paciencia.

Método de relajación muscular progresiva de Koeppen

Es un método muy utilizado porque gracias a su sencillez los niños son capaces de asimilarlo y ponerlo en práctica en muy poco tiempo. Busca un rincón de la casa que sea tranquilo y poco ruidoso, pon una luz tenue y asegúrate de que no hace ni frío ni calor, para que tu hijo se sienta a gusto y pueda centrarse en la tarea que le ocupa. Luego ves guiándole en los ejercicios, pasando de una parte del cuerpo a la siguiente.

- Manos y brazos: dile a tu hijo que se imagine que tiene medio limón en la mano derecha y que tiene que exprimirlo apretándolo con todas sus fuerzas. Debe sentir la tensión en la mano y en el brazo. Luego, de golpe, debe dejar de apretar, como si dejara caer el medio limón al suelo, y relajar la mano y el brazo. Acto seguido pídele que repita la misma acción con la mano izquierda.

- Brazos y hombros: pídele que se imagine que es un gato muy, muy perezoso y que tiene muchas ganas de estirarse, como cuando se despierta por la mañana. Dile que extienda y estire los brazos delante de él y que luego los suba hacia arriba y los tire ligeramente hacia atrás, como si quisiera tocar el techo. Debe sentir que le tiran los hombros. Luego dile que deje caer los brazos a los lados, bien relajados.

- Hombros y cuello: Dile que se imagine que es una tortuga gigante que está tumbada sobre una roca, tomando el sol sin que nadie la moleste. Debe colocarse a cuatro patas, y sentirse tranquilo y seguro. Explícale que entonces, de repente, se siente amenazada por algo. La única forma de protegerse es metiendo la cabeza dentro del caparazón. Pídele que intente llevar los hombros hacia las orejas metiendo la cabeza entre los brazos. Dile que intente mantenerse en esa posición, aunque le cueste un poco. El peligro ya ha pasado y por fin puede sacar la cabeza del caparazón. De nuevo vuelve a sentir el sol en la cara, se tumba y se relaja. Intenta que se fije en que se siente mucho mejor cuando está relajado y a gusto, que cuando está tenso y nervioso.

- Mandíbula: dile que se imagine que tiene un chicle en la boca, un chicle enorme, que le cuesta masticar. Dile que lo muerda, aunque esté duro, que intente apretarlo con ayuda de la musculatura del cuello. Debe sentir que se le mete entre los dientes, que lo aprieta fuerte. Luego pídele que

relaje la mandíbula por completo, que deje la boca relajada, hasta que note que se le cae para abajo. Pídele que
intente relajar el resto del cuerpo dejándolo flojo, como si
sus huesos fueran blandos y fofos.

- Cara y nariz: Una mosca muy pesada se ha posado en su
nariz y debe espantarla sin usar las manos. Dile que arru-
gue la nariz, hacia arriba y hacia los lados. Luego pídele que
la deje arrugada un rato en la misma posición y que se fije
en que toda su cara se contrae: las mejillas, la boca, la frente e incluso los ojos. Finalmente dile que ya puede relajar
la nariz y, por extensión, toda la cara.

- Estómago: dile a tu hijo que se imagine que está tumbado
en la hierba, en un hermoso prado. De repente ve llegar
a un elefante que no se fija por donde pisa y que va directo hacia él; no tiene tiempo de escapar, de modo que dile
que tense el estómago y se prepare para recibir el piso-
tón. Si tiene el estómago duro como una roca, el dolor
será menor. Deja que aguante así unos segundos. Luego
dile que por suerte el elefante ha decidido seguir su camino y ya se va. Ya puede relajar el estómago. Pídele que se
fije en lo que siente cuando lo tiene tenso y cuando lo
tiene relajado. Luego pídele que se imagine que debe pasar
a través de un estrecho camino vallado. La valla tiene pin-
chos, de modo que para pasar debe meter la tripa hacia
dentro, como si quisiera que la tripa le tocara la columna
vertebral. Pídele que aguante un rato, mientras pasa por
el camino vallado. Luego felicítale, lo ha conseguido. Dile
que ya puede relajarse y que así es como quieres que se
sienta, tranquilo y relajado.

- Piernas y pies: dile que se imagine que está de pie y descalzo, con los pies metidos en un charco de barro espeso. Pídele que intente enterrar los dedos del pie derecho en el barro, todo lo profundo que pueda. Probablemente deberá empujar con las piernas. Dile que empuje hacia dentro, con todas sus fuerzas, sintiendo cómo el barro se mete entre sus dedos. Luego dile que salga del charco y relaje el pie y la pierna. Dile que repita el ejercicio con los dedos del pie izquierdo.

- Lugar preferido: pídele que se imagine que está en un lugar que le guste mucho, su lugar preferido. Es muy importante que note la sensación de relajación y las sensaciones agradables que produce dicho estado, que la distinga de la sensación de tensión, y que asocie la sensación de relajación con su lugar favorito. Así, cuando empiece a sentir ansiedad, le pedirás que se acuerde de su lugar favorito y que inicie así el procedimiento de relajación que acabas de enseñarle.

> "La persistencia del rechazo a determinados alimentos más allá de los dos años, durante la infancia, la adolescencia y la edad adulta, es patológica y produce consecuencias sociales e incluso nutricionales graves."
>
> Juanita Gempeler Rueda, psicóloga

25

No soporto verme gorda

La anorexia es un trastorno de la conducta alimentaria (TCA) que supone una pérdida de peso provocada por el propio enfermo y lleva a un estado de inanición. La anorexia se caracteriza por el temor a aumentar de peso y por una percepción distorsionada y delirante del propio cuerpo, que hace que el enfermo se vea gordo a pesar de que su peso se encuentre muy

por debajo de lo recomendado. Como consecuencia inicia una reducción de la ingesta de alimentos y una serie de ayunos voluntarios. Las personas afectadas pueden llegar a perder entre un 15 y un 50 por ciento de su peso corporal. Esta enfermedad suele ir asociada con alteraciones psicológicas graves que provocan cambios en el comportamiento, en la conducta emocional y también una estigmatización del cuerpo.

Qué conductas o indicios iniciales deben alertarnos

✔ Lo primero que se suele detectar es que el enfermo muestra una preocupación excesiva por la composición calórica de los alimentos y por su preparación.

✔ Empieza a utilizar excusas para saltarse las comidas: no come en casa, le duele la barriga justo antes de la cena, etcétera.

✔ Se produce una reducción progresiva de la ingesta de alimentos: los enfermos suelen empezar eliminando los hidratos de carbono de su dieta, por la falsa creencia de que engordan. A continuación suelen rechazar las grasas y al poco tiempo las proteínas. Al final pueden evitar incluso la ingesta de líquidos.

✔ El afectado se queja de que siempre tiene frío.

✔ La persona se obsesiona con la imagen, la báscula y los estudios.

✔ Muestra síntomas de hiperactividad.

✔ Es altamente probable que el enfermo empiece a utilizar medicamentos diuréticos y/o laxantes.

✔ Son también muy frecuentes los vómitos provocados y las purgas.

✔ En muchas ocasiones se detecta también una obsesión

con el ejercicio físico, que pasa a ser una de las actividades básicas de su vida.

Causas de la anorexia

No se conocen las causas concretas que desencadenan este trastorno, aunque se cree que hay determinadas personas que tienen una mayor predisposición a sufrirla. Esta vulnerabilidad biológica hace que ante determinados factores socioculturales o desencadenantes, dichas personas desarrollen la enfermedad. Entre los factores desencadenantes más frecuentes se encuentran:

- La propia obesidad del enfermo.
- La obesidad de la madre.
- La muerte o enfermedad de un ser querido.
- El fracaso escolar.
- Algún suceso traumático.
- La separación de los padres.
- El alejamiento del hogar.
- Un accidente.

Síntomas propios de la anorexia
Esta patología se caracteriza por:

- Pérdida significativa de peso provocada por el enfermo.
- Percepción distorsionada y errónea del propio cuerpo: de su peso y sus proporciones.
- Aparición de problemas endocrinos en un tiempo relativamente corto.
- Rechazo a mantener el peso corporal por encima del mínimo adecuado en relación con la edad y talla del enfermo.

- Miedo acusado al aumento de peso o a la obesidad, incluso cuando el peso se encuentra por debajo de lo recomendable.
- Ausencia de tres ciclos menstruales consecutivos (amenorrea) en las mujeres.
- Estreñimiento.
- Dolores abdominales.
- Vómitos.

Otros rasgos típicos
- Irritabilidad.
- Depresión.
- Trastornos emocionales o de la personalidad.
- Alteración de la sensación de saciedad y plenitud antes de las comidas.
- Náuseas.
- Hinchazón.
- Ausencia de sensaciones.

Trastornos cognitivos asociados a la anorexia
Suelen centrarse en los alimentos, el peso corporal y el aspecto físico:
- Abstracciones selectivas.
- Uso selectivo de la información.
- Generalizaciones.
- Supersticiones.
- Se magnifica el lado negativo de cualquier situación.
- Pensamiento dicotómico.
- Ideas autorreferenciales.
- Inferencia arbitraria.

Susan Benjamin

Consecuencias clínicas más frecuentes

- Las pulsaciones cardíacas se reducen.
- Se producen arritmias
- Baja la presión arterial.
- Desaparece la menstruación (amenorrea) en el caso de las mujeres.
- Disminuye la masa ósea.
- En los casos muy prematuros, se frena el crecimiento.
- Disminución de la movilidad intestinal.
- Anemia.
- Aparición de un vello fino y largo, conocido como lanudo, en la espalda, los antebrazos, los muslos, el cuello y las mejillas.
- Estreñimiento crónico.
- La disminución del gasto energético produce una sensación de frío constante.
- La piel se deshidrata, se seca y se agrieta.
- Coloración amarillenta en las palmas de las manos y las plantas de los pies, por la acumulación de carotenos en las glándulas sebáceas.
- Las uñas se quiebran.
- Caída de cabello.
- Problemas con los dientes.
- Edemas periféricos.
- Hinchazón y dolores abdominales.

Cómo se diagnostica

La anorexia nerviosa se diagnostica cuando se aprecia una intensa pérdida de peso acompañada por otros síntomas psicológicos característicos. La anoréxica típica es pues:

- Se trata de una chica adolescente, aunque en los últimos años se han detectado también casos entre chicas y chicos más pequeños.
- Ha perdido al menos un 15% de su peso corporal.
- Teme la obesidad.
- Ha dejado de menstruar (en el caso de las chicas).
- Niega estar enferma.

Cómo suele tratarse el problema

El tratamiento es de tipo ambulatorio cuando:

- Se detecta de forma precoz.
- No hay episodios de bulimia ni vómitos.
- La familia se compromete a cooperar.

Es necesario ingresar al enfermo en un centro médico cuando:

- La desnutrición es muy grave y se aprecian alteraciones en los signos vitales.
- Las relaciones familiares son insostenibles y es mejor aislar al paciente.
- Si se agravan los desórdenes psíquicos.

Otros datos que pueden resultarte de interés

- Cerca del 95% de las personas que sufren este trastorno son mujeres.
- La anorexia suele empezar durante la adolescencia, a veces antes y menos frecuentemente en la edad adulta. La edad de inicio de la enfermedad se sitúa en la primera adolescencia, alrededor de los 12 años.

- Este trastorno afecta primordialmente a personas de clase socioeconómico media y alta.
- En los países occidentales existe una tendencia a aumentar el número de casos.
- La anorexia nerviosa puede ser leva y pasajera o grave y duradera.
- La población más afectada se encuentra entre los 14 y los 18 años.
- Existen colectivos más propensos a sufrir estos trastornos, tales como las gimnastas, las bailarinas o las modelos.
- Entre el 10 y el 20 por ciento de las personas que sufren esta enfermedad acaban muriendo.
- Las niñas muy perfeccionistas, influenciables o con una baja autoestima son más propensas a caer en las garras de esta terrible enfermedad.

"La anorexia nerviosa es un trastorno de la alimentación que afecta preferentemente a adolescentes mujeres de entre 13 y 19 años. En la actualidad esta patología se ha extendido a niños pequeños."
María Pilar Cancela, dietista

26

¡Me he comido cinco donuts del tirón!

Las personas que padecen bulimia son incapaces de dominar los impulsos que les empujan a comer, pero el sentimiento de culpa y vergüenza que experimentan tras ingerir muchos alimentos les lleva a efectuar una purga, es decir, a vomitar de forma autoinducida o a utilizar laxantes y/o diuréticos, a iniciar regímenes rigurosos o a realizar ejercicio físico excesivo, con el fin de contrarrestar los efectos del atracón. Los bulímicos suelen tener una media de 15 episodios a la semana caracterizados por los atracones y los vómitos. Sin embargo su peso suele ser normal, por lo que resulta bastante difícil detectar la enfermedad. En un solo atracón una persona bulímica puede llegar a consumir entre 10.000 y 40.000 calorías.

¿Cuáles son las causas de este trastorno alimenticio?

✔ En el origen de esta enfermedad intervienen factores biológicos, psicológicos y sociales que desvirtúan la visión que el enfermo tiene de sí mismo y responden a un gran temor a engordar: el enfermo de bulimia siempre se ve gordo, incluso cuando su peso es normal, pero no es capaz de reprimir las ansias de comer.

✔ La bulimia suele manifestarse tras haber realizado numerosas dietas dañinas sin control médico: la limitación de los alimentos impuesta por el propio enfermo le provoca un fuerte estado de ansiedad y la necesidad patológica de ingerir grandes cantidades de alimentos de golpe.

✔ Existen numerosos factores desencadenantes relacionados con el entorno social, las dietas y el temor a las burlas
sobre el físico.
✔ Muchos de los factores coinciden con los de la anorexia,
como los trastornos afectivos surgidos en el seno familiar,

el abuso de drogas, la obesidad, la diabetes mellitus, determinados rasgos de la personalidad y las ideas distorsionadas sobre el propio cuerpo.

Síntomas propios de la bulimia

La mayoría de las personas que padecen este trastorno han sido obesas o han realizado numerosas dietas sin control médico. Tratan de ocultar los vómitos y las purgaciones, de modo que la enfermedad suele pasar desapercibida durante un largo periodo de tiempo. Los síntomas típicos de un cuadro de bulimia son los siguientes:

- Atracones o sobreingesta de alimentos: el enfermo come una gran cantidad de alimentos en un espacio de tiempo muy corto. No tiene control sobre la ingesta y es tal la ansiedad que siente que está completamente convencido de que no puede parar de comer. Ingiere los alimentos a escondidas o durante la noche.
- Después de darse el atracón se siente culpable y avergonzado. Para contrarrestar esos sentimientos hace una o varias de las cosas siguientes:
  - Se obliga a vomitar.
  - Utiliza laxantes diuréticos u otros fármacos.
  - Inicia una práctica abusiva de actividades deportivas.
- Los ciclos de atracones y vómitos se manifiestan un mínimo de dos veces por semana.
- La autoestima del enfermo es baja y la identifica con su cuerpo.
- Un bulímico se ve siempre gordo.
- Se avergüenza de su cuerpo y lo rechaza.

- La comida empieza a desaparecer misteriosamente de los armarios; o lo que desaparece es el dinero de su hucha, con la que compra provisiones.
- No siente ningún placer al comer, ni preferencias en cuanto al tipo de alimentos: sólo busca saciarse.
- Intentan evitar los lugares en los que hay comida.
- Procuran comer a solas.
- Suelen mostrar un comportamiento asocial.
- Tienden a aislarse.
- La comida es su único tema de conversación.
- La falta de control sobre la alimentación despierta en ellos grandes sentimientos de culpa y vergüenza.

Signos físicos que evidencian la enfermedad

- Debilidad.
- Dolores de cabeza.
- Hinchazón del rostro: por el aumento de las glándulas salivales y parótidas.
- Problemas con los dientes.
- Mareos.
- Caída de cabello.
- Irregularidades menstruales.
- Aumentos y reducciones bruscos de peso.

Consecuencias clínicas más habituales

- Arritmias: pueden desencadenar un infarto.
- Deshidratación.
- Colon irritable y megacolon.
- Reflujo gastrointestinal.

- Hernia hiatal.
- Pérdida de masa ósea.
- Perforación esofágica.
- Roturas gástricas.
- Pancreatitis.

¿Cómo se diagnostica la enfermedad?

El diagnóstico resulta complicado ya que los episodios de voracidad y vómitos son fáciles de ocultar. Algunos síntomas pueden ser confundidos con los de otras patologías. Para poder realizar un diagnóstico es necesario realizar:

- Una entrevista con un psiquiatra: intentará averiguar la percepción que el paciente tiene de su propio cuerpo y la relación que mantiene con la comida.
- Una exploración física completa: para detectar los trastornos fruto de su comportamiento alimenticio desordenado:
  - Tumefacción de las glándulas salivales de las mejillas.
  - Cicatrices en los nudillos por haber usado los dedos para inducir el vómito.
  - Erosión del esmalte de los dientes debido al ácido del estómago.
  - Valor bajo de potasio sanguíneo.

Algunos datos que debes tener en cuenta:

- La bulimia puede ir acompañada de otros trastornos como la cleptomanía, el alcoholismo o la promiscuidad sexual.
- La curación de la bulimia se alcanza en el 40% de los casos: hay que tener en cuenta no obstante que es una enfermedad intermitente que puede hacerse crónica.

- La mortalidad es más elevada en el caso de la bulimia que en el caso de anorexia: ello se debe sobre todo a las complicaciones que se derivan de los vómitos y el uso de purgativos.
- Esta enfermedad afecta a los jóvenes y se manifiesta con más frecuencia en las mujeres.
- La media de edad de inicio se sitúa en los 19 años.
- Las personas que han sufrido anorexia o han realizado dietas sin control médico tienen un mayor riesgo de sufrir esta patología.

"En el año 1940 la bulimia pasó a considerarse un síndrome y en 1980 la Sociedad Americana de Psiquiatría incluyó este trastorno alimenticio en el manual de psiquiatría como una enfermedad diferente a la anorexia."

Concepción Salcedo Meza, comunicóloga

27
¿Qué son esas cositas blancas que hay en sus heces?

Los parásitos son seres vivos que necesitan de otro organismo, humano o animal, para vivir. Dicho organismo se denomina huésped. Aunque los parásitos pueden encontrarse en distintas partes del cuerpo, es en el aparato digestivo donde se localizan con mayor frecuencia y por esta razón se denominan parásitos intestinales. Si tu hijo de repente se niega a comer y parece malhumorado e inquieto, existe la posibilidad de que tenga una infección parasitaria.

El ascaridiasis lumbricoides

Uno de los principales parásitos intestinales que afecta a los niños es el ascaridiasis lumbricoides, un parásito en forma de gusano que puede medir hasta 30 cm y habita en el intestino delgado.

¿Cómo se contagian?

- El contagio no se produce de persona a persona.
- Se produce por la ingestión de los huevos del parásito:
  - A través de agua infectada.
  - A través de alimentos infectados.
- Por una falta acusada de higiene.

Posibles síntomas

El niño infectado puede mostrar un cuadro asintomático, es decir, sin ningún síntoma aparente. Pero también puede mostrar alguno de los síntomas siguientes:

- Dolor abdominal.
- Dolor de cabeza.
- Náuseas.
- Vómitos.
- Pérdida o disminución del apetito.
- Irritabilidad y malhumor.
- Si la cantidad de gusanos es muy grande: pueden surgir problemas respiratorios y obstrucción del tránsito intestinal.

¿Cómo se diagnostica?

Si sospechas que tu hijo podría tener algún parásito, debes llevarle al pediatra y comentárselo. Este te hará recoger una muestra de materia fecal del niño para que la analicen en un laboratorio y confirmen la presencia o ausencia del gusano.

Tratamiento y prevención

- El pediatra te recetará un antiparasitario que el niño deberá tomar durante tres días. Transcurridas dos o tres semanas le realizarán un nuevo análisis de heces, para comprobar si ya han sido eliminadas o si, por el contrario, debe prolongarse el tratamiento.
- Entre las principales medidas preventivas para evitar la infección o las recaídas están:
- Una higiene rigurosa de las manos del niño después de ir al baño o de comer.
- Evitar el contacto con superficies que puedan estar contaminadas con heces humanas.
- Lavar cuidadosamente las frutas y verduras.
- Extremar las normas de higiene al manipular pañales desechables sucios.

Oxiurasis

Este agente, el enterobius vermicularis, es un pequeño parásito que sólo habita en seres humanos. Es el más común entre la población infantil. Los niños en edad escolar y los progenitores o cuidadores que los atienden son los más expuestos a este parásito. Se ingieren sus huevos. Cuando los huevos maduran, los gusanos que salen de su interior se dirigen al borde del ano y allí depositan más huevos.

¿Cómo se contagian?

- Los niños infectados se rascan la zona del ano y se contaminan las manos con las que, a su vez, contaminan a otros niños.
- Llevándose a la boca las manos contaminadas.
- Llevándose a la boca juguetes u objetos contaminados.

Posibles síntomas

Como en el caso del parásito anterior, el cuadro puede ser asintomático. Si el paciente presenta síntomas, estos suelen ser:
- Irritabilidad.
- Escozor en la zona anal.
- Inapetencia.
- Alteración del sueño o insomnio.
- Bruxismo: hace rechinar de dientes durante la noche.

¿Cómo se diagnostica?

Por medio del Test de Graham: se coloca una cinta transparente en la zona del ano antes de la higiene y de la defecación y se observa si hay huevos depositados por el parásito.

Tratamiento y prevención

- El afectado debe tomar un antiparasitario, que mata a los gusanos. En principio basta con tomarlo durante un día, pero a veces es necesario repetir el tratamiento. También es posible que el médico recomiende que todo el grupo familiar tome el antiparasitario.

- Para que la prevención sea efectiva:
  - Los niños deben tener siempre las uñas cortas y limpias.
  - No deben comerse las uñas ni rascarse la zona anal.
  - Deben lavarse las manos después de ir al baño y antes de comer.
  - Es recomendable lavar los juguetes.
  - Es necesario lavar diariamente la ropa interior del niño y la ropa de su cama.
  - Intenta que la luz del sol entre en la habitación durante el día, ya que los huevos son muy sensibles a la luz.

Giardiasis

La giardia lomblia es otro parásito que puede afectar a los niños. Sólo puede observarse a través del microscopio. Se instala en el intestino de humanos y animales.

¿Cómo se contagia?

- Por medio del agua.
- A través de alimentos crudos infectados.
- A través de las manos, después de que hayan estado en contacto con una superficie contaminada.
- En las guarderías, donde los niños están aprendiendo a controlar los esfínteres.
- Durante las actividades en ámbitos rurales o al aire libre.

Posibles síntomas:

Como en los casos anteriores, puede ser asintomático. Si presenta síntomas, estos son los más frecuentes:

- Náuseas.

- Espasmos abdominales.
- Diarrea.
- Deshidratación.
- Pérdida de peso.
- Anemia.

¿Cómo se diagnostica?

Se realiza observando con un microscopio una muestra fresca de materia fecal. Si se detecta el parásito se confirma la infección.

Tratamiento y prevención

- Se receta medicación diversa durante un período de entre 5 y 10 días, según los síntomas que presente el paciente. Si la persona no presenta síntomas se aconseja no administrar ninguna medicación.
- Entre las medidas preventivas cabe destacar:
  - Lavar cuidadosamente las frutas y verduras antes de que el niño las consuma.
  - Evitar la ingesta de alimentos que no sean seguros.
  - Inculcar al pequeño que debe lavarse las manos después de ir al baño y antes de comer.

"Durante la noche, mientras el niño duerme, la hembra del Enterobius vermicularis se desplaza por el recto y deposita los huevos en el ano. Dichos huevos producen comezón en la zona y hacen que el niño se rasque instintivamente."
Rosamaría Bernal Redondo, jefa del Laboratorio de Parasitología del Hospital Infantil de México

28
El médico me ha dicho que Iván es celíaco

La celíaca es una enfermedad causada por la intolerancia al gluten del trigo, la cebada, el centeno, la avena y la malta. El gluten es una masa viscoelástica, insoluble en agua, que forma parte de las proteínas de reserva de los cereales. Esta intolerancia la desencadenan algunos péptidos no digeribles del gluten y afecta a la mucosa del intestino delgado. Dependiendo de su intensidad puede provocar la destrucción de las vellosidades del intestino delgado, lo cual trae como consecuencia una mala absorción de los nutrientes de los alimentos. En casos leves los síntomas no se notan. Ese es el motivo por el que muchas personas padecen la enfermedad sin saberlo y sólo si ésta se agrava acaban siendo diagnosticadas.

Síntomas más comunes de la enfermedad

- El niño tiene una barriga grande, como hinchada.
- Sufre retraso en el crecimiento, tanto en la talla como en el peso.
- Padece diarrea crónica o prolongada.
- Sufre períodos de estreñimiento.
- Experimenta pérdida de peso.
- A veces presentan vómitos.
- Suelen mostrar un carácter muy irritable.

Cómo se diagnostica

- Primero se realiza una prueba de laboratorio en la que se analizan los anticuerpos antigliadina y atiendominisio.
- Si la anterior prueba da positiva, un gastroenterólogo realiza una biopsia del intestino y analiza esos mismos anticuerpos.
- Si al niño se le detecta la enfermedad antes de cumplir los 2 años, a los 6 años debe repetirse la biopsia para confirmar el diagnóstico.

Algunas informaciones que debes tener en cuenta

- Esta enfermedad tiene una base genética y suele ser hereditaria: si se detecta en algún miembro de la familia todos los miembros de la misma deben realizarse el análisis, para descartar que también lo padezcan a pesar de no tener síntomas evidentes.
- En el caso de hermanos gemelos, si uno lo padece, el otro también lo padecerá.
- También son más propensos a sufrirla los pacientes con

diabetes tipo I o los afectados con síndrome de Down.

- La enfermedad celíaca puede manifestarse en cualquier momento de nuestra vida. Si se presenta durante la primera infancia suele hacerlo entre lo 6 y los 24 meses de edad, porque es el momento en que se inicia el consumo de harinas.
- Los pacientes que padecen esta enfermedad durante la adolescencia o la edad adulta suelen tener una predisposición genética a la que se suma un desencadenante, como por ejemplo un virus o un consumo elevado o continuo de gluten.
- Afecta mayoritariamente a personas de raza blanca.
- Es más frecuente en las mujeres que en los hombres.
- Es la enfermedad intestinal más frecuente en Europa: según la Federación de Asociaciones de Celíacos de España (FACE), en España uno de cada 200 o 300 nacidos vivos puede padecer la enfermedad.
- Actualmente hay diagnosticados 20.000 casos en todo el país. En Italia e Irlanda la incidencia es prácticamente la misma. En los Estados Unidos es algo menor.

Posibles trastornos provocados por esta enfermedad

Esta enfermedad puede provocar una falta de nutrientes en el organismo y dicha carencia puede acabar provocando:

- Anemia.
- Osteoporosis.
- Infertilidad.
- Problemas de tiroides.
- Cáncer.

Tratamiento

El único tratamiento conocido es hacer de por vida una dieta que excluya el trigo, la cebada, el centeno, la avena y la malta. De esta manera el intestino se regenera y se soluciona el problema nutricional. Así pues, si tu hijo es celíaco deberás acostumbrarte a leer detenidamente las etiquetas de los alimentos donde aparece su composición y abstenerte de darle cualquier producto si existe la más mínima duda. Aunque al principio te parezca una tarea imposible, enseguida te acostumbrarás a hacerlo y a discriminar productos. Además, piensa que:

- Cada vez son más las cadenas y marcas que especifican claramente los productos que no contienen gluten.
- Cada vez existen más tiendas destinadas específicamente a las personas celíacas.
- Ya existen restaurantes con menús para celíacos.
- Los comedores escolares ya suelen tener menús para celíacos.
- Puedes comprar productos por Internet, con garantías y sin salir de casa.
- Existen asociaciones y organizaciones en las que puedes asesorarte y resolver tus dudas.

> "La celiaquía es una de las enfermedades intestinales crónicas más comunes. Uno de cada 200 bebés nacidos es celíaco."
> A. Bonillo Perales, pediatra

Tercera parte

ESTRATEGIAS Y SOLUCIONES

1

Si te portas bien luego te compro una piruleta

Un error que cometen muchos padres es el de recompensar el buen comportamiento o los logros de sus hijos con una chuchería, un dulce o un aperitivo. Para empezar, debes tener claro que no hay que recompensar al niño cada vez que se porta bien o que consigue un objetivo. Tu pequeño debe entender que portarse bien es su obligación, y que esforzándose y superándose se sentirá mejor como persona y por tanto más a gusto consigo mismo. Tampoco es conveniente usar la comida como método para consolar a tu hijo cuando tiene un disgusto o se hace daño ya que podría interpretarlo incorrectamente y empezar a comer algo siempre que necesite consuelo o sienta ansiedad.

¿Por qué recurrimos a ese tipo de recompensa?
- Las chucherías son baratas.
- Son fáciles de comprar, porque las venden en todas partes.
- Son vistosas y por tanto muy atractivas para el pequeño.
- A corto plazo suelen ser muy eficaces con los niños.

Desventajas de usar la comida como recompensa
- Las golosinas contienen una gran proporción de azúcares y grasas. Así pues, si le ofreces una bolsita de patatas chips, una

173

barrita de chocolate o una piruleta, en realidad estás aumentando su ingesta de azúcar y grasa, algo nada recomendable.

- Si come este tipo de alimentos entre horas llegará a la hora de comer con poca hambre y por tanto consumirá menos cantidad de alimentos saludables, ricos en otros nutrientes que necesita para crecer y desarrollarse adecuadamente.
- El niño sentirá una mayor inclinación por la comida en general y por la comida basura en particular. Así pues, es

muy probable que acabe comiendo en exceso y que tenga problemas de sobrepeso u obesidad en el futuro.

- Te costará mucho más convencer a tu hijo de lo saludable e importante que es comer de forma equilibrada, ya que tú mismo te contradices: para premiar su buena conducta le das algo que es malo para su salud.
- Le costará más reconocer las señales que le envía su cuerpo de hambre y saciedad.
- Aprenderá que está bien recompensarse con comida aunque uno no tenga hambre y por tanto es más probable que desarrolle algún trastorno alimenticio o alguna conducta errónea relacionada con la alimentación.
- Le parecerá correcto comer para consolarse o aliviar la ansiedad, es decir, ingerirá alimentos no para saciar el hambre si no por motivos puramente emocionales.

Posibles alternativas para recompensarle

- Cuando llegue el momento de irse a la cama, puedes leerle su cuento favorito.
- Puedes comprarle unas pegatinas: son igualmente baratas, también las venden en muchos sitios y al llegar a casa puedes sentarte con él a pegarlas en su cuaderno; así además pasaréis un rato haciendo algo juntos.
- Puedes comprarle un sobre de cromos: para los niños los sobres de cromos tienen algo de mágico porque hay que abrirlos para saber lo que se esconde dentro.
- Siéntate con él y juega una partida de su juego favorito.
- Dale un globo de un color chillón y aprovecha para enseñarle a hincharlo.

- Cómprale un rotulador brillante, o dorado, o con una punta gruesa y otra delgada.
- Regálale un botecito para hacer pompas de jabón y enséñale cómo funciona.
- Compra en las tiendas de 1 euro una caja de animales de plástico y, cuando lo consideres oportuno, dale uno.
- Llévale a la biblioteca y deja que escoja un cuento para llevarse a casa.
- Llévale a la biblioteca y deja que escoja una película de dibujos para llevarse a casa y visionarla.
- Confecciona unas cuantas medallas y cuando haga algo que se merezca un premio, cuélgale una del cuello; luego puede colgarla en su habitación, cerca de su cama, a modo de adorno.
- Déjale quedarse más rato en el parque.
- Deja que invite a un amiguito a jugar a casa.
- Cómprale un cuaderno para colorear.
- Consíguele un coletero nuevo o unos calcetines de su equipo favorito.
- Móntale una vez en el tiovivo de la feria.
- Prepárale un batido especial para merendar: adórnalo con un barquillo y una sombrilla de las que usan en las heladerías.

"El no ingerir alimentos por el temor a ahogarse se conoce como fagofobia o dipsofobia. El rechazo a la comida como parte de una actitud negativista hacia todos los aspectos de la vida se conoce como síndrome de rechazo generalizado."
Francisco Muñoz, psiquiatra

2

No quiero que quede ni un solo macarrón en el plato

La mayoría de padres creen que los niños que comen bien están más sanos y se desarrollan mejor. Así pues, si les sale un buen comedor consideran que están haciendo un buen trabajo, pero si tienen la mala suerte de que su hijo coma mal piensan que no han sabido hacerlo bien y se sienten culpables, por los posible problemas que pueda acabar desarrollando su hijo. Lo más probable, sin embargo, es que ni los primeros lo hayan hecho tan bien ni los segundos tan mal. Tu obligación como padre es proporcionar a tu hijo buenos alimentos e intentar fomentar una dieta variada y equilibrada. Confórmate con intentar hacer eso correctamente.

Algunos consejos que pueden serte de utilidad
- Nunca fuerces a tu hijo a comer algo.
- Elimina de tu repertorio las amenazas, los sobornos y las coacciones.
- No hagas que tu hijo se sienta culpable por no comer como tú esperas que lo haga.
- Piensa que él sabe mejor que tú cómo se siente: si te dice que está lleno, créele.
- Es cierto que cabe la posibilidad de que te engañe, consciente o inconscientemente. Si sospechas que dice que ya no tiene más hambre pero que eso no es cierto, dile que puede dejar de comer pero que debe permanecer sentado hasta que los demás terminen. Así si lo que ocurre es

que le pueden las ganas de jugar o el aburrimiento, entenderá rápidamente que dejar de comer no es la solución.

- Piensa que si le insistes para que siga comiendo cuando él te dice que ya está lleno, en realidad le estarás enseñando a ignorar las señales de saciedad que le envía su propio cuerpo y esto podría ser altamente contraproducente.
- Los niños de corta edad saben muy bien cuándo han comido lo suficiente. A medida que crecen van perdiendo esta capacidad innata y es más fácil que coman en exceso.
- Si demuestras a tu hijo que confías en él y le dejas que pare de comer cuando te dice que ya está lleno, conseguirás que él confíe más en sí mismo y le ayudarás a reconocer las señales que le envía su cuerpo.
- Nadie conoce a tu hijo mejor que tú; si consideras que debes animarle un poco a comer, hazlo. Pero sin coaccionarlo ni amenazarlo. Aunque te cueste de creer, por regla general los niños pequeños saben autorregularse perfectamente. Y tienen muchos menos prejuicios e ideas erróneas que los adultos.
- Si a pesar de todo te preocupa lo poco o lo mal que come tu hijo, acude a tu pediatra y coméntaselo.

"Las mascotas pueden ser una vía de contagio de los parásitos a los niños. Si tienes algún animal en casa debes extremar las condiciones sanitarias e higiénicas en tu hogar."

Lola Ravati, especialista en temas infantiles

3

Gonzalo come como un dinosaurio

Muchos padres sienten la necesidad de etiquetar a sus hijos, como si de este modo los tuvieran más controlados o supieran más de ellos. Está claro que lo hacen sin mala intención y que en la mayoría de casos no pasan de ser comentarios que hacen sin pensar demasiado. Pero tildar a tu hijo de melindre o gordo cuando él está delante puede tener consecuencias muy negativas. No sabes cómo va a tomarse esos comentarios y en qué medida pueden influenciarle. Así por ejemplo, si tu hijo te oye decir continuamente que odia la verdura es muy posible que acabe creyéndoselo por completo y te resultará mucho más difícil cambiar esa conducta errónea.

Cómo debes actuar

- Céntrate siempre en las conductas positivas: los elogios resultan mucho más efectivos que las críticas. Así, por ejemplo, si añades a las lentejas rodajas de zanahoria y tiras de pimiento y se come las primeras pero deja las segundas, dile que estás muy orgulloso de que se haya comido la zanahoria y no hagas ningún comentario sobre los pimientos. Piensa que igual que ha conseguido una cosa puede conseguir la otra. Pero que seguramente necesita algo más de tiempo.

- Cuando le pones una etiqueta a un niño es porque inconscientemente tú ya has decidido que es así y de algún modo das por perdida la batalla. Antes de afirmar que a tu pequeño no le gustan las verduras:

- Piensa si puede deberse a una fase pasajera: los niños se cansan de comer siempre lo mismo o aborrecen momentáneamente un alimento para luego, pasado algún tiempo, volverlo a aceptar.
- Antes de tirar definitivamente la toalla, recuerda que el grupo de las verduras es increíblemente amplio: ¿le has ofrecido de verdad todas y cada una de las verduras que hay en el mercado? ¿Has probado todas las combinaciones posibles? ¿Has intentado cocinarlas utilizando diferentes métodos de cocción? ¿Has probado a disimularlas entre otros alimentos para que se vaya acostumbrando poco a poco a ellas?
- Intenta no guiarte por lo que a ti te gusta o no te gusta: todos tenemos un repertorio de platos que solemos incluir en nuestra dieta. Pero cuando empezamos a introducir los alimentos sólidos a un niño deberíamos ampliar esta oferta. Piensa que cuantos más alimentos pruebe ahora más probable será que tenga una dieta variada y equilibrada durante el resto de su vida. Está claro que es más cómodo ofrecerle los platos que sueles cocinar normalmente, pero piensa que quizás es un buen momento para aprender unas cuantas recetas nuevas y diversificar la dieta de todos los miembros de la familia. Ya sabes lo que dicen, más vale tarde que nunca.
- No olvides que la comida debería ser una parte agradable de la vida del niño: darse un gusto de vez en cuando es algo absolutamente aceptable como parte de una dieta saludable. Ser excesivamente estricto o duro puede resultar contraproducente.

- En principio no debería haber ningún alimento prohibido, salvo claro está que tu pequeño sea alérgico a algo o sufra algún tipo de intolerancia alimenticia. Además, prohibir la ingesta de ciertos alimentos puede atraer la atención del niño hacia ellas y hacer que le parezcan todavía más atractivas o deseables.

- Si limitas la cantidad de alimentos que dejas tomar a tu hijo este podría obsesionarse con la comida y acabar comiendo en exceso siempre que pueda. Si a tu hijo le gusta comer y es un tragoncete, ofrécele alimentos saludable y grandes cantidades de frutas y verduras y no tendrás porqué preocuparte.

"La cuestión de las etiquetas es, pedagógicamente hablando, una cuestión de límites, pero en el sentido negativo de la palabra. Las etiquetas son límites que imponemos a nuestros hijos, casillas en las cuales deben caber y a las que deben amoldarse respondiendo a las limitadas expectativas que hemos puesto sobre ellos."

Carmen Herrera García, profesora de educación infantil y primaria

4

Confecciona un diario de comidas

En ocasiones nos preocupamos en exceso porque no dejamos de darle vueltas a algo y al final nos parece más grave de lo que realmente es. A continuación encontrarás una fórmula para evitar que te ocurra eso con el tema de la alimentación. Consiste en un diario de comidas que te permitirá reunir datos reales y concretos y por lo tanto localizar problemas reales y concretos. No se trata de confeccionar un hermoso cuaderno para guardar en la caja de recuerdos de tu hijo. Es una herramienta de trabajo cuya función es conocer mejor a tu pequeño. Así que compra una libreta pequeña en la tienda de la esquina y métela en tu bolso, para tenerla siempre a mano.

¿Cuál es el objetivo de esta herramienta?

El objetivo básico es conocer de forma detallada y realista la dieta de tu hijo. Así pues, deberás anotar todo aquello que ingiera durante un mínimo de cuatro días. Debes anotar la hora en la que se lo come, el lugar donde se lo come y qué es lo que se come. Es importante que seas muy concreto. Una vez transcurridos los cuatro días lee todo lo que has anotado. Si no eres capaz de encontrar un patrón de conducta, sigue con el diario otros tres días más como mínimo.

Algunos consejos prácticos

- Anota absolutamente todo lo que coma, aunque sea media galleta que le ha dado un amiguito del parque mientras jugaban.
- Incluye todas las bebidas excepto el agua.
- Anótalo de inmediato, en la libreta que llevas en el bolso. Si esperas a hacerlo más tarde o intentas memorizarlo es muy posible que la tabla resultante no sea exacta.
- Anota las horas con precisión: no es lo mismo si han transcurrido 10 minutos que si han transcurrido 40 entre una comida y la siguiente.
- Incluye cualquier dato que te parezca que puede resultar útil: si no le gusta comer con alguien, si le gusta más comer en un sitio que en otro, si hay algún suceso que desencadene una conducta determinada, etc. Así te será más fácil identificar los problemas y los patrones de comportamiento.

DIARIO DE COMIDAS

HORA	LUGAR	QUÉ LE DOY	QUÉ SE COME	COMENTARIOS
08.30	cocina	tazón de leche y cereales	½ tazón de leche 2 cucharadas	ha pedido más pero los ha dejado
11.30	calle	½ plátano	2 mordiscos	de su hermano mayor
13.30	comedor	1 plato sopa 1 lomo merluza	2/3 del plato ½ lomo	me ha pedido que se la diera ha protestado un poco
16.30	parque	1 yogur 3 galletas de chocolate	1 yogur 3 galletas	le ha encantado se las come en un pis pas
18.15	calle	1 bolsita de gusanitos 1 tortilla (1 huevo)	1 bolsita	se ponía pesado mientras esperábamos al hermano
20.00	cocina	1 bol de crema de calabaza	1/3 del bol ½ tortilla	está cansado y de mal humor
20.30	dormitorio	1 zumo	½ zumo	derrama la otra mitad

Análisis posterior

Una vez confeccionada la gráfica de los 4-7 días, analízala con tu pareja para ver qué cosas se pueden mejorar o cambiar y cuáles son los problemas que deberíais abordar. A continuación te proponemos algunas preguntas que pueden servirte de guía:

- ¿Es posible que se haya llenado en exceso de leche o zumos y que por eso se muestre inapetente?
- ¿Ha comido algún tentempié cuando faltaba poco para comer o cenar?
- ¿Se salta de forma habitual algún grupo de alimentos, por ejemplo las verduras o la fruta?
- ¿Es posible que a veces esté demasiado cansado como para comer? ¿Debería adelantarle la hora de la comida?
- ¿Ha comido un exceso de tentempiés poco saludables?
- ¿Utiliza la comida cómo reclamo?
- ¿Come más cuando está a solas? ¿Con la familia? ¿Con otros niños? ¿Frente al televisor? ¿En el cochecito? ¿En el parque?
- ¿Pide comida que luego no se termina?
- ¿Es posible que le ponga raciones demasiado grandes? ¿Debería ponerle menos cantidad en el plato?

"Ser padre significa amar a nuestros hijos incondicionalmente, servirles de aliento constante y ser capaces de ver en él a un ser humano sujeto a cambios, capaz de lograr lo que se proponga más allá de las dificultades."
Carmen Herrera García, profesora de educación infantil y primaria

5

Itziar lleva un montón de meses pesando lo mismo

Durante los primeros meses de vida de tu hijo, las visitas al pediatra son constantes y es él quien lleva un control exhaustivo del niño. Pero a medida que crece las revisiones van espaciándose y es entonces cuando pueden surgir tus dudas acerca de su crecimiento. ¿Es normal que aumente tan poco de peso? ¿Se estará desarrollando con normalidad? ¡Diego es mucho más alto que tú! El crecimiento de tu hijo puede verse afectado por distintas causas, como por ejemplo por un desequilibrio hormonal o por un problema que impide que su cuerpo absorba correctamente los nutrientes de los alimentos que toma. Si te preocupa que tu hijo no este creciendo o desarrollándose con normalidad, habla con tu pediatra. Este le hará un examen exhaustivo que permitirá descartar tus miedos o confirmará tus sospechas y te permitirán ponerle remedio de inmediato.

Cómo puedo saber si mi hijo se está desarrollando con absoluta normalidad

- Lo primero y fundamental es llevarlo periódicamente al pediatra para que pueda hacer una valoración del niño y decirte si se está desarrollando con normalidad. Cuando ya sea un poco más mayor, pídele que te de una gráfica de percentiles indicada para la edad y el sexo de tu hijo. Los documentos de salud infantil suelen incluir una gráfica de crecimiento en la que podrás ir anotando el peso y la talla de tu pequeño e ir observando su evolución.

- Si el peso de tu hijo está por debajo de la media pero es correcto para su altura, no tienes porqué preocuparte; si existe una gran desproporción entre el percentil que da para el peso y el que da para la talla podría haber algún problema, así que es aconsejable hablar con el especialista. No olvides llevarte la gráfica. Ten en cuenta, no obstante, que los niños no crecen de forma lineal y que por tanto es normal que se produzcan picos de crecimiento o pequeños desajustes durante el proceso.
- Si se produce un descenso de peso repentino, consulta a tu pediatra.
- Observa asimismo si tu hijo parece sano, si enferma a menudo o raramente, si le ves rebosante de energía, si parece feliz y contento.

La mejor arma es la prevención

- Ofrece a tu hijo comidas regulares y bien equilibradas.
- Recuerda que el desayuno es especialmente importante para él.
- Anímale a realizar alguna actividad física y a ir andando a los sitios.
- Intenta ser un buen ejemplo para tus hijos: si te preocupas en exceso por el peso, dicha inquietud podría afectar a tus hijos.
- Favorece una actitud saludable y equilibrada con respecto a la comida: explícale que comer chocolate de vez en cuando no tiene nada de malo, que el problema es comerlo en exceso.
- No te opongas a su deseo de asumir un mayor control

sobre la comida. Llegado el momento es mejor ofrecerle alternativas y fomentar su sentido de la responsabilidad.

- Si crees que tu hijo está obsesionado con las modelos superdelgadas o los tenistas supercachas, habla con él y encuentra ejemplos de artistas o deportistas que él conozca y que tengan un peso saludable, y de otros que a pesar de ser guapísimos de la muerte no son nada felices.
- Si hay algo que te preocupa o no acabas de ver claro, llévale al médico y pídele consejo.

Cinco consejos fundamentales

1. Un niño que come cuando tiene hambre y deja de comer cuando siente que está lleno se desarrollará con todo su potencial y de forma saludable, así que relájate y deja de obsesionarte con su alimentación.
2. No le obligues ni le fuerces a comer.
3. Si no consigues sacártelo de la cabeza, confecciona un diario de comidas o una tabla de crecimiento, para obtener datos objetivos. Luego, si mirando dichos datos lo consideras oportuno, llévaselos al médico.
4. Intenta no ponerte nervioso cuando se acerque la hora de la comida: debe ser un momento agradable para estar juntos, incluso cuando tu hijo coma mal o decida no comer. Tranquilo, no va a morirse de hambre.
5. Si a pesar de todo sigues preocupado o hay algo que te quita el sueño, no dudes en acudir a tu pediatra o a algún especialista que pueda ayudarte.

> "Debemos animar a los niños a comer cuando tienen hambre y a parar cuando estén saciados. No deben comer para complacerte, ni rechazar la comida solo por molestarte."
>
> Rana Conway, nutricionista

6

Algunas estrategias para los niños que no comen

A continuación encontrarás algunas ideas básicas que deberías tener claras y presentes si vas a ocuparte de la alimentación de tus hijos. Yo te aconsejo que te leas los dos listados una par de veces antes de empezar y que vuelvas a leerlos cada vez que tu hijo muestre un comportamiento inadecuado. Así evitarás desanimarte si se produce algún retroceso o si tu hijo recae en un mal hábito, algo que por otro lado es perfectamente normal y previsible. No pienses que el método no funciona. Lee de nuevo los listados, intenta relajarte e insiste. Te aseguro que al final te alegrarás.

Decálogo de las cosas que debes hacer

1. Tu hijo debe realizar cinco comidas al día en horarios regulares: tres principales (desayuno, comida y cena) y dos intermedias (tentempié a media mañana y merienda).
2. Debes conseguir que tu pequeño permanezca sentado en la mesa durante el tiempo que dure la comida, independientemente de si él está comiendo o no.

3. Comprueba que la silla en la que se sienta le resulte cómoda y que esté a la altura adecuada respecto a la mesa.

4. Intenta no darle de comer demasiado tarde o cuando está muy cansado.

5. Ofrécele raciones pequeñas. Si se lo come todo y sigue teniendo hambre debes dejarle repetir.

6. Es muy importante que te relajes y que intentes crear una atmósfera agradable: debes desterrar la tensión y los nervios de las horas de las comidas.

7. Comed en familia siempre que sea posible.
8. De normal ofrécele comidas y tentempiés saludables; deja las chucherías y la comida basura para días o momentos especiales.
9. Deja que pare de comer cuando diga que ya está lleno.
10. Intenta que se implique en la preparación y la planificación de las comidas.

Decálogo de las cosas que no debes hacer

1. No te pases toda la comida regañando y amenazando a tu hijo para que coma.
2. No le obligues a comer ni insistas demasiado con frases como "venga, solo una cucharada más". Tú decides el menú y él la cantidad que va a ingerir.
3. Si tu hijo es lento comiendo, no le metas prisa. Respeta su ritmo y deja que disfrute a su manera.
4. Mientras el niño sea pequeño, no le agobies diciéndole que debe usar los cubiertos correctamente y que no debe ensuciar la mesa ni ensuciarse él. Ya habrá tiempo para perfeccionar esos aspectos un poco más adelante.
5. Evita el exceso de distracciones: la hora de la comida es para comer y para charlar con el resto de comensales.
6. No le obligues a quedarse delante del plato indefinidamente o hasta que se lo termine todo. Si no come debe permanecer sentado mientras los demás terminan. Pero luego debes dejar que se levante y realice otra actividad.
7. No muestres decepción ni hagas pensar a tu hijo que te ha defraudado cuando no coma.

8. No le des tentempiés poco saludables entre horas, especialmente si ya falta poco para la hora de comer.
9. No le ofrezcas un exceso de zumo o leche entre una comida y la siguiente ya que podrías mermar su apetito.
10. No le sigas ofreciendo comida ni le preguntes si tiene hambre entre una comida y la siguiente: cíñete al horario que tengas establecido.

> "El niño, como todo ser humano, es un ser en constante cambio y transformación. Sus capacidades adaptativas son muy grandes, pero deben encontrar un ambiente que le estimule y le aliente para el éxito."
>
> Carmen Herrera García, profesora de educación infantil y primaria

7
¿Cómo puedo ayudar a mi hija anoréxica?

En el apartado anterior ya hemos analizado todas las características, síntomas y conductas propias de la anorexia y la bulimia. Pero una vez detectado el problema, lo que más preocupa a los padres es cómo ayudar a sus hijos a superar dicho trastorno. A continuación encontrarás todas las indicaciones que proponen los expertos al respecto.

Lo que nunca debes hacer

✔ No te sientas culpable: está claro que no eres perfecto,

nadie lo es. Pero seguro que no has hecho nada con mala intención. Los problemas familiares o tu actitud pueden haber contribuido a desencadenar el problema pero tu hijo no sufre ese trastorno por tu culpa. Además, lo pasado, pasado está. Lo importante ahora es ayudar a tu hijo a superar el problema.

✔ No permitas que tu hijo utilice la comida como un arma.

✔ No permitas que dicho problema afecte a tu matrimonio o a la relación con tus otros hijos: si dejas que el trastorno se convierta en el centro de atención tan solo conseguirás reforzarlo y prolongarlo.

✔ No compadezcas a tu hijo: demuéstrale comprensión pero no lo sobreprotejas. El objetivo es conseguir que sea independiente y responsable.

✔ No permitas que sea el afectado el que dictamine los horarios y las actividades de la familia.

✔ No intercambies roles con tu hijo.

✔ No dejes que te manipule.

Lo que sí debes hacer

✔ Demuéstrale a través de tus actos y tus palabras que le quieres y le respetas, pero asegúrate de que entiende que tu vida también es importante.

✔ Cuando creas que está preparado, permítele asumir responsabilidades, pero no le presiones antes de tiempo.

✔ Intenta combatir sus ansias de perfeccionismo.

✔ Trata de ser paciente y de avanzar paso a paso. Superar un trastorno de este tipo lleva su tiempo y si sólo piensas en su recuperación se te hará muy largo.

✔ Descubre y respeta sus ideas e ideales, aunque difieran de los tuyos. Habla con él pero trátalo como a un adulto con el que se intercambian impresiones.

✔ Busca el apoyo de tu pareja, de algún familiar o de un amigo íntimo. Es bueno poder hablar con alguien de lo que te preocupa o de los sentimientos que se experimentan al tener un hijo con este tipo de problema.

✔ Es muy importante que los padres estén unidos y luchen conjuntamente.

¿Cuál debe ser mi enfoque?

● Es importante que seas honesto, directo y comprensivo. Siéntate tranquilamente y explícale exactamente lo que has notado, con toda clase de detalles. Dile a tu hijo que estás realmente preocupado por lo que pasa. Hazle saber que te importa y que te gustaría ayudarle, pero no le acuses, ni le condenes, ni le hagas confesar. Debes apoyarle pero sin intentar ser su terapeuta. Puedes decirle algo como: "Me parece que es posible que tengas un desorden alimenticio o algún problema con la comida".

● Sugiérele que necesita ayuda de un profesional y ofrécete para acompañarle. Ofrécele varias opciones: "¿Quieres que llame a tu pediatra? ¿Quieres que preguntemos en algún grupo de ayuda mutua? ¿Te parece que pidamos hora a un dietista?".

● Si se resiste a ser ayudado o niega el problema es posible que no esté preparado para admitir que sufre un trastorno. No le ayudes a negarlo con tu silencio. Habla de las cosas que observas y te preocupan. No puedes obligarle a buscar ayuda, pero puedes indicarle dónde puede dirigirse o llamar para pedir información. Incluso puedes sugerirle que empiece por hacerse un examen médico. Reafírmale que estás dispuesto a hablar del problema, pero sólo si él quiere y cuando él lo considere oportuno.

- No te pelees ni discutas con él por el tema de la comida o del peso.
- Los amigos bien intencionados, los compañeros de trabajo o los familiares tienden a implicarse demasiado en los problemas de las personas con anorexia o bulimia. Recuerda que los trastornos alimenticios se centran en temas de control y que si intentas controlar a la persona afectada lo normal es que gane ella.
- No intentes manipularla con sobornos, recompensas, castigos o sentimientos de culpa. Ninguna de estas tácticas funciona. El apoyo es la clave.
- Tanto si la persona está en tratamiento como si no, no cometas el error de intentar cambiar su comportamiento. Es ella la que debe cambiarlo. Ella y solo ella puede hacerlo.
- Debes tener claro que el cambio no se producirá de la noche a la mañana: se trata de un proceso largo y duro.
- Si te implicas en exceso acabarás enfadándote y quemándote antes de tiempo y así difícilmente podrás ayudarle.
- Tú solo no puedes conseguir que se cure. Necesita la ayuda de un profesional. Tu objetivo debe ser conseguir que el afectado se responsabilice de su comportamiento mientras le tratas con dignidad y comprensión ya que así es mucho más probable que acabe buscando la ayuda de un profesional, que es el primer paso para poder superar el problema.

Pautas de comportamiento familiar

- Es importante que la familia evite temas de conversación relacionados con la comida, el aspecto físico del afectado o su salud. Estos temas deben tratarse en el ámbito del grupo terapéutico.

- Es importante que los padres se informen sobre la enfermedad y sobre cómo afecta a la persona que la padece, a sus pensamientos, sentimientos, personalidad y forma de comportarse. La información ayuda a disminuir la ansiedad que provocan los interrogantes y las dudas, y a reducir los sentimientos de culpa y fracaso.

- Para informarse pueden recurrir a profesionales expertos en el tema, a asociaciones de familiares de personas que sufren trastornos alimenticios, a grupos de ayuda mutua, a charlas, etcétera.

- Los padres deciden los menús diarios y deben abstenerse de preguntarle al paciente lo que opina sobre ellos.

- Los familiares deben ignorar los comentarios o protestas del paciente respecto a las cantidades o los contenidos antes, durante y después de las comidas.

- Hay que procurar variar los menús para que el paciente esté mejor nutrido y para evitar que pueda acogerse a determinados alimentos y los llegue a ritualizar.

- Si existen diferencias de opinión entre los distintos miembros de la familia con respecto al trastorno, no hay que discutirlos delante del afectado; es preferible guardarlos y plantearlos en el grupo terapéutico para familiares.

- Es aconsejable que los padres asistan a un grupo de ayuda mutua con otros padres que se enfrentan al mismo problema.

¿Cómo puedo acercarme a mi hijo?

Cuando una familia detecta este tipo de problema en uno de sus miembros, lo primero que debe hacer es intentar mejorar la relación con el afectado para que éste se deje ayudar. Para saber cómo es la relación en ese momento deberán hacerse algunas preguntas:

- ¿Qué estilo de relación mantienen con el afectado?
- ¿Ha cambiado la relación con la aparición de la enfermedad?
- ¿Qué hay de satisfactorio e insatisfactorio en la relación?
- ¿Cuáles son las expectativas que tienen respecto a la relación?
- ¿Son recíprocas esas expectativas?
- Si las expectativas no coinciden, ¿aparecen las disputas?
- ¿Qué cambios favorecen la mejora de la relación de la familia con su hijo/a?

Las buenas relaciones suelen asociarse con una buena comunicación y con las muestras de afecto. Así pues, lo que debemos conseguir para mejorar la relación será:

- contar y que te cuenten.
- escuchar y ser escuchado.
- recibir y mostrar afecto.
- reconocer y elogiar los méritos de la persona y a su vez ser reconocido.

"Muchas personas mueren anualmente a causa de la anorexia nerviosa o la bulimia. Pero son enfermedades que pueden prevenirse y tratarse."

María Pilar Cancela, dietista

8

Me gustaría que Diego bajara peso

Tratar el problema de la obesidad infantil desde luego no es nada fácil, pero ello no significa que sea imposible. Si tienes claro que la obesidad infantil puede dañar de forma significativa la salud física y psíquica de tu pequeño seguro que te costará menos ponerte manos a la obra. Recuerda que los problemas de sobrepeso surgen cuando un niño consume más calorías de las que quema y por tanto es un problema que tiene solución. Así pues, deberás intentar que tu hijo coma de forma más saludable y que adopte un estilo de vida menos sedentario y más activo.

Algunos datos estadísticos a tener en cuenta

Como ya hemos mencionado, la Organización Mundial de la Salud considera que la obesidad es una epidemia global debido a las altas cifras de adultos y niños que la padecen. Veamos algunos datos:

✔ En Europa el porcentaje de niños y niñas que sufrían un problema de sobrepeso u obesidad era del 9% en 1980. Esta cifra aumentó hasta alcanzar un 24% en el año 2002. En la actualidad se estima que en Europa existen unos 14 millones de niños en edad escolar con problemas de sobre peso, de los cuales alrededor de tres millones son obesos.

✔ También en nuestro país la obesidad infantil ha aumentado de forma alarmante. Según datos oficiales, en España la tasa de obesidad entre la población infantil y juvenil, es decir entre 2 y 24 años, es del 13,9 % y la de sobrepeso, de 26,3%.

✔ Este porcentaje es mayor entre los chicos (15,6 %) que entre las chicas (12 %). Las cifras más elevadas afectan al grupo de edades comprendidas entre los 6 y los 12 años.

✔ En el grupo de niños españoles de 10 años, la tasa de obesidad sólo es superada por Malta, Grecia e Italia. Es decir, ¡somos el cuarto país de Europa con mayor número de niños de 10 años obesos!

✔ La obesidad no se distribuye igual en toda la península. El noreste (Cataluña, País Vasco, La Rioja) presenta las cifras más bajas de obesidad, mientras que las más altas se registran en la zona sur, concretamente en Murcia, Andalucía y las islas Canarias.

✔ Hace 5 años tan solo un 5% presentaba problemas de obesidad. El aumento significativo que se ha producido es lo que ha llevado a las autoridades a hablar de "obesidad epidémica".

✔ Según un estudio estadounidense realizado con 8.000 niños en edad escolar, el riesgo de sufrir sobrepeso aumentaba con cada hora adicional que el niño pasaba frente al televisor y disminuía cada vez que el pequeño comía en familia.

✔ Un estudio británico realizado con niños entre 7 y 11 años comprobó que, reduciendo en un tercio las bebidas con gas podían detener el aumento de la obesidad durante un año. En el mismo período el grupo de control experimentó un aumento del 7,5 % en su índice de obesidad. La mejora en la salud se produjo simplemente reduciendo el consumo de bebidas gaseosas y sin introducir ningún otro cambio relacionado con la dieta o la actividad física de los niños. Así pues piensa que cualquier cambio, por pequeño que sea, puede resultar altamente beneficioso para tu hijo.

Qué debo hacer si creo que mi hijo es obeso

- Habla con un profesional de la salud y pídele que compruebe si tu hijo padece realmente un problema de sobrepeso u obesidad.
- Anima a tu hijo a pensar si realmente tiene hambre y a distinguir esa sensación de otras.
- Asegúrate de que haga comidas nutritivas regularmente, incluido el desayuno.
- Cuando pida un tentempié, ofrécele fruta u otros alimentos saludables.
- Ofrécele un buen modelo a seguir.
- Come con él siempre que te sea posible.
- Enséñale a masticar bien, al menos 15 veces antes de tragar: es importante comer despacio, masticando y saboreando los alimentos.
- Educa a tu hijo sobre alimentación saludable e intenta que se implique en ella.
- Asegúrate de que realiza suficiente actividad física durante el día.
- Sirve las comidas en un ambiente agradable y sin distracciones.

Qué actitudes debo evitar

- Ignorar el problema de peso y esperar que desaparezca por arte de magia.

- Permitir que tus hijos coman tentempiés poco saludables.
- Usar la comida como recompensa o como consuelo.
- Tener en casa un arsenal de patatas fritas, bollos y chucherías.
- Utilizar la genética como excusa.
- Poner a tu hijo a dieta: lo indicado es aminorar el ritmo con el que gana peso o mantener el peso que tiene en ese momento; así, a medida que crezca, alcanzará una relación adecuada entre peso y altura.

Cuál debe ser mi plan de acción

- Introduce cambios pequeños y graduales.
- Concéntrate en lo que come tu hijo, no sólo en la cantidad.
- Favorece un mayor consumo de los siguientes alimentos y bebidas:
  - Agua: debe beber mucha.
  - Cereales y pan integrales.
  - Frutas y verduras: debe tomar como mínimo cinco raciones al día, en sustitución de comidas con más grasas y calorías.
  - Productos lácteos desnatados (siempre que tenga más de dos años).
  - Carne magra, pollo sin piel y pescado (sin rebozar y sin salsas).
- Favorece un consumo menor de comidas y bebidas con un contenido alto en calorías, grasas y azúcar, tales como:
  - Bebidas gaseosas, concentradas y zumos de frutas.
  - Fritos.
  - Patatas chips, chocolate, golosinas.
  - Comidas procesadas, como los platos preparados y las salsas ya listas.

- Pizza y otros platos con gran cantidad de queso graso.
- Presta atención al tamaño de las raciones, especialmente en el caso de los tentempiés y cuando comáis fuera.
- Intenta que tu hijo se mueva y haga ejercicio físico.
- Convierte la alimentación saludable en algo divertido planificando platos y cocinado con tus hijos. Concéntrate en la preparación de alimentos con poca grasa y en la abundancia de verduras y ensaladas.
- Implica a toda la familia.

> "Cuando hay un caso de obesidad infantil en la familia, el entorno del niño debe hacer un esfuerzo solidario y adecuar sus hábitos alimentarios a los requeridos por el niño, para animarle a llevar una dieta sana y equilibrada que le haga perder su sobrepeso."
>
> Elena Rupérez, especialista en nutrición y obesidad

9

¿Belén, me ayudas a preparar la ensalada?

Es muy importante que enseñes a tus hijos a cocinar tan pronto como sea posible, empezando por cosas muy sencillas y complicando poco a poco las recetas y las técnicas utilizadas. Piensa que en un futuro carecer de las habilidades culinarias básicas puede suponer un handicap importante que le impida prepararse y preparar a otros platos sanos y equilibrados.

Diez razones para que cocines con tus hijos

1. Es divertido: podéis pasar muy buenos momentos juntos.

2. Puedes enseñarles a preparar platos que no contengan nada de sal añadida, ni conservantes, ni colorantes, ni potenciadores del sabor, ni grasas hidrogenadas ni ninguna otra sustancia dañina. Y mientras los preparas se lo puedes explicar a tus hijos, junto a las ventajas que ello supone para su organismo. Y no olvides hacer que se fijen en lo riquísimos que están.

3. Es mucho más probable que un niño se atreva a probar algo nuevo si ha participado en el proceso de elaboración.

4. Cocinar fomenta la confianza y les ayuda a sentirse realizados y a gusto.

5. Es una forma de entretenimiento que resulta muy económica y que se puede organizar sin salir de casa, por ejemplo una tarde lluviosa de invierno.

6. Aprender a confeccionar una receta ayuda a mejorar la coordinación (mezclar, extender, echar), la lectura y la comprensión lectora e incluso las matemáticas (sumas, fracciones, precisión); además el niño aprende a poner en práctica instrucciones simples.

7. Nos permite adaptar los platos a las alergias y a otras necesidades dietéticas: por ejemplo, eliminando los cacahuetes de una receta si hay algún alérgico a este fruto seco en casa.

8. Puedes aprovechar ese rato para charlar distendidamente con tus hijos, sobre todo si ya han entrado en la adolescencia y se muestran más reacios a comunicarse con los padres.

9. Tus hijos descubrirán que realizar las tareas domésticas entre varios y sin prisas puede incluso resultar divertido y gratificante.

10. En cuanto hayan aprendido algunas habilidades y recetas básicas podrán sorprenderte preparando algo ellos solos, por ejemplo el día de la madre o el día de tu cumpleaños.

Diez consejos prácticos para cocinar con niños

1. No esperes que el producto final parezca la última creación de Ferran Adrià.

2. Para que al terminar la cocina no parezca el escenario de una batalla campal, utiliza delantales, papel de periódico, etcétera. De lo contrario se te quitarán las ganas de volverlo a intentar otro día.

3. Recuerda que en la cocina hay muchos instrumentos y herramientas que pueden resultar peligrosos para un niño pequeño: no dejes a su alcance ni cuchillos afilados ni tijeras. Tampoco dejes que se acerque al fuego sin vigilancia.

4. Enséñale algunas normas básicas de higiene: debe lavarse las manos antes y después de cocinar, no toser sobre los alimentos, etcétera.

5. Si a medio proceso notas que tu hijo se está aburriendo, deja que se vaya a realizar otra actividad y termina tú; lo importante es que no le coja manía y quiera participar otro día.

6. Empieza con recetas muy sencillas y adecuadas a su edad, para que el niño pueda seguir los distintos pasos y sentir que ha participado realmente en el proceso.

7. No te limites a preparar bizcochos y galletas. Eso está muy bien, pero tienen que acostumbrarse a preparar platos cotidianos, como una ensalada de pasta o una macedonia de fruta.

8. Aprovecha ese rato para transmitirle algún conocimiento sobre la alimentación y la nutrición: hazlo de forma lúdica y escoge algo que puedan comprender.

9. Intenta que se implique al cien por cien: deja que haga la mayor parte de las cosas, aunque eso implique tardar mucho más u obtener un producto final menos sofisticado. Recuerda: no estás cocinando, estás enseñando a cocinar a otros.

10. Elogia cada cosa que haga bien y aprenda. Y no le critiques, aunque le salga mal o aunque ensucie más de lo necesario. Te lo diré una vez más: está aprendiendo.

> **"El gusto y la afición por la cocina y por una dieta sana se aprenden. Por eso conviene iniciar a los niños en la tarea de cocinar los platos que luego les alimentarán."**
> Antonio Bosco, nutricionista

10
Este año podrías apuntarte a baloncesto

Actualmente, los niños realizan mucho menos ejercicio físico del que realizábamos nosotros o nuestros mayores. El ejercicio físico es importante porque aumenta el consumo de energía por parte de nuestro organismo y ello nos ayuda a controlar el peso y a mantenerlo equilibrado. Nuestros hijos disponen hoy de muchas más herramientas, tales como el televisor, el ordenador o los videojuegos, y como consecuencia llevan una vida mucho más sedentaria y consumen mucho menos energía. Según las estadísticas, los niños españoles se pasan una media de tres horas diarias sentados delante de una pantalla. Y durante todo ese rato no están saltando, ni corriendo, ni brincando. Así pues, es muy importante que te encargues de que tu hijo realice suficiente ejercicio físico.

Tipos de actividad física

Existen dos tipos básicos de actividad física:

✔ Actividad física espontánea o habitual: es la que realiza el niño de forma cotidiana, al ir andando hasta el colegio, al dar un paseo, al correr por el patio, al saltar a la comba con las amigas, al organizar un partido de fútbol espontáneo en el parque, etcétera. Es la que representa la mayor parte de la actividad física general.

✔ El ejercicio físico "específico": cuando el niño realiza un ejercicio físico consciente. Se trata de una actividad más intensa y limitada en el tiempo, pero que se repite varias veces a la semana. Por ejemplo, realizar dos entrenamientos de fútbol a la semana o ir tres veces a la semana a natación.

Cómo debe ser este ejercicio

- Para que el ejercicio físico aumente el gasto de energía debe realizarse de forma sistemática, es decir, con regularidad. No sirve de nada entrenar a tope un día y luego tirarse dos semanas sin hacer nada de nada.

- Los especialistas aconsejan realizar unos 25-30 minutos diarios de actividad moderada de tipo aeróbico: correr, montar en bicicleta, caminar, nadar o practicar algún deporte. Este tipo de ejercicio debe realizarse 5-6 días a la semana.

Beneficios del ejercicio físico

- Nos ayuda a mantener un peso equilibrado y a gozar de un mejor estado de salud.

- Nos proporciona elasticidad y favorece que nuestros músculos y nuestros huesos se desarrollen sanos y fuertes.

- Hacer ejercicio al aire libre favorece la fijación del calcio en los huesos de los más pequeños.
- Ayuda a eliminar el estrés y por tanto el niño estará más relajado, dormirá mejor y su seño resultará más reparador.
- Los deportes de equipo enseñan a los niños a ser solidarios con los compañeros y a trabajar en equipo con un fin común.
- Practicando deporte los niños aprenden a relacionarse con otros niños.
- Aprenden a respetar la figura del entrenador y del árbitro.
- Los niños que practican algún deporte tienen una mayor autoestima: los niños con problemas de sobrepeso y patosos suelen ser blanco de burlas; por el contrario, los niños ágiles y fuertes se siente orgulloso de sus logros y son capaces de plantearse desafíos mayores.
- Si tu hijo realiza suficiente actividad física tendrá más apetito y por tanto comerá mejor.

Algunas ideas para evitar que tus hijos se apalanquen en casa

- Limita el tiempo que pasan delante del televisor, el ordenador y los videojuegos: fija un tiempo máximo, teniendo en cuenta su edad, sus actividades y sus preferencias. Entre 1/2-2 horas al día es más que suficiente.
- Intenta incluir un rato de parque todos los días a la salida del colegio: lo ideal es que se queden cerca del colegio, donde encontrarán y podrán jugar con sus amigos, o cerca de casa, donde podrán intimar con los vecinos y la gente del barrio.

- Organiza salidas familiares durante los fines de semana: hacer una ruta por la sierra, ir a dar una vuelta en bicicleta, ir a la piscina municipal de vuestro barrio, etcétera.
- Pasa tiempo con tus hijos al aire libre: enséñales a volar una cometa, a jugar con un plato volador, a hacer volteretas o el canelón en la hierba, prepárales una gincana por el parque, en fin, cualquier cosa que se te ocurra.
- Aprovecha cualquier oportunidad para enseñarles algún juego popular, de los de toda la vida, como la rayuela, la

comba, el escondite, el pañuelo, la gallinita ciega… cualquier juego al que te gustara y recuerdes de tu niñez.

- Intenta coger menos el coche y andar más: si el colegio no está muy lejos, acostúmbrales a ir andando; o salir a dar un paseo todos juntos el domingo por la tarde.

- Organiza una discoteca en el salón: el sábado por la mañana, pon algo de música bien marchosa y enséñales a bailar. Puedes introducir distintos estilos o simplemente hacer un poco el loco. Si te apetece puedes incluso organizar un concurso.

- Anima a tu hijo a batir sus propias marcas: los niños son muy competitivos y les encanta ponerse a prueba. Puedes cronometrarle mientras realiza un circuito por el parque corriendo, con la bici o con los patines. Si tienes más de un hijo o hay algún amiguito, organiza una competición en toda regla.

- Organiza salidas con amigos que también tengan hijos: cuantos más niños sean más juegos se les ocurrirán, y más movidos serán dichos juegos. Y mientras también tú lo pasarás divinamente con los amigos.

- Cuando llegue el verano, prepara una salida a la playa y aprovecha para enseñarles a jugar a las palas, a la petanca o al volley playa.

- En invierno organiza una excursión a la nieve: llévate un plástico grande y enséñales a tirarse en "trineo"; o hacer entre todos un hermoso muñeco de nieve.

- Cuando llegue la primavera, organiza un picnic en el campo o una excursión para ver los cerezos en flor.

- Apunta a tu pequeño a alguna actividad deportiva. Deja que sea él quien escoja de acuerdo con sus preferencias. Actualmente, tiene mucho donde escoger: natación, fútbol, baloncesto, balonmano, atletismo, danza, gimnasia rítmica, judo, patinaje….lo importante es que encuentre alguna afición saludable que le divierta.

> "Con una alimentación saludable y realizando ejercicio físico de manera regular aumentamos la producción de una molécula llamada óxido nítrico que, entre otras cosas, nos protege frente a las enfermedades cardiovasculares, digestivas, del sistema inmunológico y de las enfermedades degenerativas."
>
> Louis Ignarro, premio Nobel de Medicina y Fisiología

11

Hoy comemos fuera

Comer fuera de casa con la familia o con unos amigos puede ser muy divertido y una oportunidad excelente para disfrutar de una buena comida y de una animada conversación, así que merece la pena cultivar en tu hijo las habilidades sociales necesarias para que él, y por tanto también tú, podáis disfrutar de ese placer. Ten presente que sentarse a comer y disfrutar de una conversación placentera es una habilidad como cualquier otra que los niños deben aprender. No puedes esperar que se comporten bien en público si no han practicado antes en casa. Muchos padres piensan que la única opción para comer fuera de casa es ir a un restaurante de los que proporcionan a los niños globos y pinturas, o que tenga una piscina de bolas. Esto puede resultar divertido de vez en cuando, pero en ese tipo de sitios la comida no suele ser demasiado buena ni saludable. Y además, no sirven para enseñar al niño a disfrutar de una comida fuera de casa. Piensa que si no practica, en pocos años tu hijo será demasiado mayor como para este tipo de sitios y sin embargo seguirás teniendo el mismo problema.

Algunas premisas que debes tener presentes

✔ Antes de salir a comer fuera puedes realizar algunas clases prácticas en casa: organiza una cena de etiqueta en el comedor de casa, con velas y todo. Sirve varios platos e intenta sacar algún tema de conversación que a tus hijos les parezca interesante. El objetivo es conseguir que la comida se alargue más de lo habitual y que tus hijos permanezcan sentados y se sientan a gusto

✔ Juega con tus hijos a los restaurantes: cuantos más detalles tengas en cuenta y más realista resulte, mejor.

✔ Escoge un restaurante familiar y más bien informal, para que tus hijos se sientan a gusto y tú también.

✔ Asegúrate de que el menú incluye platos que puedan gustar a los niños.

✔ Antes de salir de casa, prepáralos para la experiencia: explícales lo que esperas de ellos y lo que se van a encontrar.

✔ Ten en cuenta el horario de comidas de tu hijo: si vais a comer muy tarde y ya está cansado, la experiencia puede resultar frustrante para todos. Además, si vais pronto, el comedor estará más tranquilo y os servirán más rápido y mejor.

✔ La primera vez es preferible que solo pidas un plato, para que la comida no se alargue en exceso. Para que los adultos que hay en la mesa no se queden con hambre, puedes pedir una ensalada o algún otro plato para compartir.

✔ Puedes llevarte unas pegatinas o algo para colorear, para que no se impacienten mientras traen la comida. Recuerda que están acostumbrados a que les sirvas la comida en cuanto se sientan en la mesa, porque así es como lo haces en casa.

✔ Incluye a los niños en la conversación; de lo contrario se aburrirán y es más probable que se porten mal para llamar tu atención.

✔ Explícale que no debe hacer cosas que puedan molestar a los comensales de las otras mesas, como gritar, tirar cosas o levantarse y corretear por el restaurante.

✔ Si lo hace bien, no olvides felicitarle y mostrarte orgulloso. Será el mejor aliciente para que la próxima vez también se porte bien.

✔ No escojas un menú complicado, al menos las primeras veces: opta por un plato de pasta, un filete de pollo a la plancha con patatas o unas croquetas. Algo sano pero que sepas que le gusta.

> **"Cuando salimos a comer fuera es importante que los niños sigan con su rutina diaria: deben comer a la hora de siempre y hay que respetar su hora de la siesta."**
> Aída Díaz, pediatra

12

Unos objetivos claros y realistas

Cuando intentes fijar un plan de acción para mejorar algún aspecto relacionado con la alimentación de tu hijo es muy importante que sea realista y específica. Es posible que después de leer este libro pienses que tienes que cambiar muchos aspectos de su dieta, pero piensa que si quieres cambiar demasiado en poco tiempo es muy posible que acabes fracasando. Márcate objetivos concretos, identifica problemas específicos e intenta solucionarlos de uno en uno, empezando por el que te parezca más acuciante y preocupante.

Cuál es el enfoque más acertado

✔ Lo primero que debes hacer, como ya hemos comentado, es identificar un problema concreto que te parezca importante y fijarte un objetivo que sea realista. Así, por ejemplo, si el problema es que a tu hijo le cuesta mucho tomar fruta, puedes fijarte como objetivo conseguir que tome dos piezas de fruta al día, una por la mañana (un zumo de naranja, un kiwi o un plátano) y otra por la tarde (una manzana, un plátano, una rodaja de melón o un puñado de fresas). Cuando hayas conseguido este objetivo y tu hijo ya haya incorporado esas dos piezas de fruta a su dieta habitual, podrás fijarte un objetivo más ambicioso y amplio, como conseguir que se tome las cinco piezas de verduras y frutas que recomienda la Organización Mundial de la Salud.

✔ Si el problema es especialmente complejo es posible que

necesites plantearte una serie de objetivos encadenados: primero empezarás por un objetivo muy sencillo, luego otro un poco más complejo, luego otro más complejo y así hasta conseguir algo que te parezca razonable. Imagínate que tu hijo no soporta las verduras, ninguna verdura, ni siquiera aquellos alimentos que puedan parecerse a una verdura aunque no lo sean. El primer objetivo deberá ser algo tan simple como conseguir que acepte tener una rodaja de zanahoria en el plato junto al resto de alimentos, aunque ni siquiera la huela. El siguiente objetivo será que la pruebe, luego que se coma tres rodajas y así sucesivamente hasta que consigas que la incluya en su dieta.

✔ Fíjate siempre un plazo de tiempo determinado, para que las cosas no se eternicen. El plazo de tiempo debe ser razonable ya que acostumbrarse a algo nuevo lleva algo de tiempo, pero sin prolongarse excesivamente. Así te será más fácil evaluar los progresos que hace el niño, y a él también.

✔ Anota los objetivos, el plan de acción y el tiempo que te concedes en un diario o cuaderno; así si te relajas o se te olvida, bastará con que le eches un vistazo de nuevo a lo que anotaste en su día. Además, cuando queda constancia de algo parece que se vuelve más real y alcanzable.

✔ Dedica todo el tiempo y todas las energías que pierdes pensando en lo mal que come tu pequeño a poner en práctica lo que te hayas propuesto.

✔ Cuando el niño sea lo suficientemente mayor, intenta que se implique en el proceso de cambio pero sin obsesionarse.

✔ Intenta que las expectativas no sean demasiado exigentes ya que entonces podrías no conseguir los objetivos que te marcaste y tanto tú como tu hijo podríais acabar frustrados. Es preferible avanzar poco a poco pero con paso firme.

> **"Los niños deben ingerir seis raciones de hidratos de carbono complejos al día. Este grupo de alimentos proporciona glucosa, que es la gasolina del organismo, lo que nos permite movernos y tener actividad intelectual. Se consiguen tomando por ejemplo tres rebanadas de pan, unos cereales, un poco de arroz o un plato de legumbres o de pasta."**
>
> Isabel Zamarrón, doctora del hospital Ramón y Cajal de Madrid

13
Sé positivo

Todos conocemos las teorías que explican las diferencias entre ver la botella medio llena o verla medio vacía. Es tan solo una cuestión de actitud, pero puede cambiarlo todo. Eso también es aplicable en el caso de la alimentación, claro. Por eso antes de decidir las estrategias que vas a seguir o los problemas que vas a abordar, es importante que reflexiones un poco acerca de tu propia actitud.

Planteamientos adecuados

✔ Plantéate las dificultades como retos o desafíos, en vez de

cómo problemas o handicaps. Lo primero tiene connotaciones positivas mientras que lo segundo las tiene negativas.

✔ En cuanto a tu hijo, preséntale los nuevos retos como placeres en lugar de como deberes u obligaciones; así te será más fácil transmitirle tu propio entusiasmo. Sustituye expresiones como "tienes que" o "deberías" por otras como "me parece que sería divertido" o "a lo mejor hace que te sientas bien".

✔ Celebra cualquier éxito, por pequeño que sea, y así conseguirás tener y transmitir sensaciones más positivas y obtendrás un mayor control de la situación.

✔ Evita las críticas y sustitúyelas por elogios. Tu hijo responderá mucho mejor si realzas las cosas positivas que ha conseguido que si te pasas el día criticándole. Recuerda, la botella puede estar medio vacía o medio llena, todo depende del punto de vista. Y no es lo mismo decir: "¡Todavía te quedan cuatro hojas de espinaca en el plato!" que decir: "¡Fantástico, te has comido un buen puñado de hojas de espinaca! ¡Seguro que mañana te sientes más fuerte, como Popeye!".

✔ Escucha a tu hijo: seguro que tiene ideas que proponerte y objeciones que hacerte. Está muy bien que quieras ayudarle pero debes contar con él, sobre todo si ya tiene una edad. Piensa que si tu respetas sus puntos de vista es más probable que él respete los tuyos.

✔ Si confeccionas con tu hijo una lista de objetivos, intenta que estos sean positivos: es mejor hacer una lista con las cosas que se propone hacer que una lista con todo aquello que NO debe hacer.

✔ Cuando fijes una regla, cúmplela. Si decides que no le darás nada de comer hasta la próxima comida, solo agua, no le des nada. Si tu mismo te saltas las reglas establecidas te será muy difícil ganar la batalla.

✔ Es muy importante que ambos progenitores presenten un frente común. Si no estáis de acuerdo en algún tema es aconsejable que lleguéis a un acuerdo. Hablarlo y decidirlo cuando los niños no estén delante.

"**Alimentarse bien no es una tarea tan difícil. Sin embargo, si nunca antes has tenido que organizar tus comidas, es muy fácil caer en errores alimentarios y acabar comiendo de forma poco saludable y variada.**"
Elena Fernández, psicóloga y especialista en inteligencia emocional

14

Mi marido piensa una cosa y yo otra

Esta claro que dentro de una pareja cada cónyuge tiene su propio criterio y sus propias ideas sobre la educación de los hijos. Aunque por regla general te complementes bien con tu pareja y vuestras visiones de la vida sean parecidas, siempre habrá algún tema o algún aspecto en el que no estéis de acuerdo. E incluso cuando estéis de acuerdo es posible que la forma de poner las cosas en práctica de uno difiera de la del otro o que uno de los dos no se vea capaz de llevar a cabo lo que ambos habéis decidido. Sin embargo vuestro hijo necesita una única pauta para poder mejorar y sentirse seguro.

Pautas que tú y tu pareja debéis seguir

✔ Tú y tu pareja habéis decidido crear una familia y educar a un hijo en común. Eso significa que debéis negociar un criterio educativo compartido, algo que casi nunca resulta sencillo. Lo normal es que ambos tengáis que ceder un poco o que a veces deba ceder uno y otras el otro. Si el niño descubre que cada progenitor va por su lado intentará, y casi seguro que lo conseguirá, optar por la opción que más le interese en cada momento.

✔ Lo ideal es que se trate de un criterio común con el que ambos os sintáis cómodos y respetados; sólo así podréis mostraros firmes al respecto.

✔ También puede ocurrir que aunque estéis de acuerdo, uno de los dos no se sienta con fuerzas de llevar a cabo lo acordado porque no va con su carácter o es más débil. En esos casos es mejor que el que no se siente con fuerzas se quede un poco al margen y deje que sea el otro el que pone el plan en práctica,

✔ Si a pesar de todo no conseguís llegar a un acuerdo piensa que es mejor que tu hijo tome verduras aunque sólo sea cuando está contigo que no que no las coma nunca. Si estás convencido de que es bueno para él, sigue adelante.

✔ Cuando veas que tu pareja se desespera intenta guardar la calma, y dile al otro que haga lo propio cuando seas tú el que pierde los papeles. Todos podemos tener un mal día y se trata de que os apoyéis y os animéis el uno al otro para conseguir los objetivos que os habéis propuesto.

"Según un estudio realizado por la universidad de Londres con niños en edad preescolar, cuantas más frutas y verduras comen los padres, más lo hacen los hijos."

Jugnoo Rahi, Universidad de Londres

15

A Álvaro no le gusta casi nada

Hay niños que comen alimentos sólidos sin problemas pero que tienen una dieta muy, muy restringida, es decir, se niegan a probar nada nuevo. Por regla general y ante la insistente negativa por parte del niño, los padres acaban cediendo y le preparan lo que quiere; o le cocinan directamente un menú especial porque ya han perdido toda esperanzan. Aunque la situación parezca desesperada, tiene solución.

Cómo debemos afrontar el problema

● Si tu hijo es todavía pequeño y estás introduciéndole los sólidos, a continuación encontrarás la manera de acostumbrarle a nuevos alimentos, para conseguir que su dieta sea variada y tolere un gran número de alimentos desde el principio.

  ● Introduce los alimentos nuevos de uno en uno: ofrécele el alimento nuevo antes de otro alimento que ya tome normalmente. Tu objetivo el primer día debe ser lograr que pruebe el nuevo alimento.

  ● A los pocos días vuelve a ofrecérselo, para afianzar dicho sabor antes de empezar con otro: en esta ocasión el objetivo será que tome varias cucharadas del mismo. Si no se lo come, le retirarás el plato pasado un tiempo prudencial. No le ofrecerás otros alimentos y hasta la comida siguiente tan solo podrá tomar agua.

  ● Cuando ya hayas conseguido que tome unas cucharadas del nuevo alimento, tu objetivo pasará a ser que tome al menos unas 20-25 cucharadas del mismo.

● Luego un mínimo de cincuenta cucharadas: cuando lo consigas querrá decir que tu hijo ya tolera bien ese nuevo alimento y podrás empezar a introducir otro distinto.

● Debes seguir con el mismo procedimiento hasta que hayas introducido una variedad considerable de alimentos y te parezca que la alimentación de tu hijo ya es adecuada.

● No olvides que tu hijo está aprendiendo a hacer las cosas bien hechas, y que eso lleva su tiempo.

● Recuerda también que tus elogios son el mayor aliciente para él.

● Si tu hijo ya es más mayor y tiene una dieta restringida, no tires la toalla. Como ya hemos visto en capítulos anteriores, en este tipo de casos suele funcionar mucho implicar al niño. A continuación te proponemos una estrategia para conseguir que su alimentación empiece a incluir nuevos alimentos.

● Explícale que tiene que hacer un listado en el que aparezcan clasificados por grupos los alimentos que le gustan mucho, los alimentos que le gustan pero poco y por último los alimentos que no le gustan nada; déjale claro que en esta última columna tan solo pueden aparecer 3-5 alimentos en total, es decir, que sólo debe incluir aquellos que realmente no soporta. Puedes ayudarle a confeccionar la lista:

Me gusta mucho	Me gusta poco	No me gusta nada
Huevos fritos	Pescado	Espinacas
Macarrones	filete	tomate
Patatas fritas	melón	judías verdes
Salchichas	pollo	melocotón
Hamburguesa	sopa de fideos	
Arroz con tomate	Paella	
	Puré de verduras	
	Manzan	
	Zumo de naranja	
	Pera	
	Lechuga	
	Guisantes	
	Lentejas	
	Albóndigas	
	Yogur	

- Luego pídele que te ayude a elaborar el menú semanal: dile que respetarás los alimentos que no le gustan nada, es decir, que no los incluiréis en el menú semanal. Explícale que el menú debe incluir comidas de las dos primeras columnas en la siguiente proporción: dos o tres comidas a la semana de la larga lista "Me gusta poco".
- Debe seguir el menú preestablecido. Si se niega a tomar algo de lo acordado recuérdale que él lo eligió; si aún así se niega a tomárselo, retira el plato y explícale que no podrá comer nada más hasta la siguiente comida, sóio agua.
- Para reforzar el trabajo puedes confeccionar una gráfi-

ca con los siete días de la semana y pegar un adhesivo de una cara sonriente cada día que consiga el objetivo, es decir, comerse todo el menú. Cuando no lo consiga debes dejar la casilla en blanco. Recuerda, premiamos lo positivo y pasamos por alto lo negativo. La semana que consiga pegatina todos los días puede tener un premio, como por ejemplo, ir al cine a ver una película que le apetezca o hacer una visita al zoo. Puedes fijar el premio de antemano y incluirlo en la gráfica, en la parte de abajo, para que tu hijo lo sepa.

● Cuando ya consiga hacerlo bien una semana seguida podéis confeccionar un nuevo menú semanal en que incluiréis cinco alimentos a la semana de la lista "Me gusta poco".

● Es muy importante mantenerse firme y no ceder en ningún caso. Piensa que lo más difícil es empezar y conseguir que acepte los dos o tres primeros alimentos nuevos. Luego la cosa mejora y el proceso se agiliza.

	L	M	M	J	V	S	D
Desayuno	☺		☺		☺	☺	☺
Media mañana							☺
Comida		☺					
Merienda				☺		☺	
Cena							☺

Premio semanal: una visita al zoo todos juntos

> "Un solo guisante que el niño coge con los deditos, se lleva a la boca y se come contento es mucho mejor que una papilla entera de verduras triturada que el niño no quiere y sólo se come con distracciones y engaños."
>
> Carlos González, pediatra

16
Mami, quiero ver dibujitos

En muchos hogares existe la costumbre de comer delante del televisor. En otros se utiliza este electrodoméstico para tener al niño quieto y entretenido cuando los padres quieren descansar o hacer otra cosa. Por eso no es de extrañar que se recurra a él para entretener al pequeño cuando no quiere comer o si le cuesta estarse quieto sentado en la mesa. Sin embargo, debes tener en cuenta que con esa actitud no le estás ayudando en absoluto y que aunque parezca que funciona, a la larga te causará más problemas y complicaciones. Es mucho mejor conseguir que el niño asocie el tiempo de la comida a disfrutar en familia y a hablar de las cosas agradables o simpáticas que le han ocurrido durante el día.

Motivos por los que no es aconsejable comer frente al televisor

✔ Un niño que está pendiente de la televisión no presta atención a lo que come, es decir, no es capaz de apreciar

226

los sabores y las cualidades de aquello que ingiere. Así pues, le costará mucho más educar el paladar y aprender a disfrutar de la comida.

✔ Además, no aprenderá a comer solo ni a comer correctamente, ya que en realidad no estará pendiente de la comida ni de nada que tenga que ver con ella.

✔ Es muy posible que no note que ya está saciado y que siga comiendo sin control de modo que acabará ingiriendo más comida de la que necesita. Como consecuencia es más probable que acabe sufriendo problemas de sobrepeso, de obesidad o algún otro trastorno alimenticio.

✔ Si el televisor está encendido difícilmente conseguirás convertir el rato de la comida en una reunión familiar que fortalezca los vínculos afectivos y la comunicación.

✔ También es más probable que acabe visionando mientras come atractivos anuncios sobre alimentos con un alto contenido calórico, tales como los refrescos gaseosos, la comida basura, el chocolate, etcétera, y es más posible que se niegue a comer los alimentos saludables que tú has preparado.

✔ Aunque proteste debes mantenerte firme: así, además de enseñarle a comer bien, le estarás enseñando a tolerar el sentimiento de frustración y potenciarás su autocontrol, dos herramientas que le serán muy útiles en el futuro y que le ayudarán a desarrollarse como persona.

Otros motivos por los que la televisión no es nada recomendable

● Según un estudio realizado por una serie de científicos en Bristol, Gran Bretaña, los niños de tres años que veían más de ocho horas a la semana de televisión eran más propensos a tener un problema de sobrepeso a los siete años.

● Según un estudio realizado en Nueva Zelanda, cuanto más tiempo pasan los niños delante del televisor, más probabilidades tienen de padecer problemas de sobrepeso y otros trastornos en la edad adulta.

● Mientras ven la televisión muchos niños suelen tomar aperitivos poco saludables, como patatas fritas o gusanitos.

- Los niños que pasan muchas horas frente al televisor llevan una vida excesivamente sedentaria y por tanto no queman todas las calorías que deberían quemar.
- Desde enero de 2007 en el Reino Unido están prohibidos legalmente en la televisión los anuncios dirigidos a menores de 16 años que hacen referencia a productos alimenticios con cantidades elevadas de sal, grasas y azúcar, tales como las hamburguesas, las patatas fritas, los cereales chocolateados y los refrescos gaseosos, porque según un estudio realizado por la Universidad de Liverpool, los niños con sobrepeso que ven anuncios publicitarios en televisión tienen una tendencia a duplicar su consumo de alimentos, y los chicos y las chicas obesos tienden a elegir alimentos menos saludables.
- En España la legislación no limita ni prohíbe la publicidad de alimentos con alto contenido en grasas, azúcares u otros ingredientes poco saludables, al menos por ahora. Pero la Federación Española de Industrias de la Alimentación y Bebidas ha promovido la elaboración de un código de autorregulación de la publicidad dirigida a menores, lo que se conoce como código Paos.
- Según los expertos en comunicación, un niño menor de 8 años no es capaz de distinguir un anuncio publicitario de un programa. Por eso un buen número de las compras que se realizan en los hogares se hacen debido a la "presión" de los más pequeños.
- La calidad de muchos de los programas que ofrece la televisión es más que dudosa. Seguro que tú tienes ideas mejores y más imaginativas para entretener y formar a tus hijos.

> **"La televisión promueve el consumo de alimentos poco saludables."**
> Michael Visón, investigador de la Universidad Amstrong State, en Savannh

17
Trata a los demás como te gustaría que te traten a ti

Ya hemos mencionado en distintos apartados que los niños aprenden básicamente por imitación, es decir, que actúan según lo que ven y lo que ellos mismos viven en su día a día. Así pues, lo mejor que puedes hacer por ellos es adoptar tú mismo unos buenos hábitos, tanto en lo relacionado con la alimentación como en cualquier otro tema. En este sentido puede ayudarte tener presente este manifiesto confeccionado por Dorothy Law Nolte.

Manifiesto de Dorothy Law Nolte

✔ Los niños que reciben reproches, aprenden a condenar.
✔ Los niños que viven rodeados de hostilidad, aprenden a ser agresivos.
✔ Los niños que viven con miedo, aprenden a ser aprensivos.
✔ Los niños que conviven con la tristeza, aprenden a autocompadecerse.
✔ Los niños que son ridiculizados, aprenden a ser tímidos.

✔ Los niños que viven con celos, aprenden a sentir envidia.

✔ Los niños que viven con vergüenza, aprenden a sentirse culpables.

✔ Los niños que reciben muestras de ánimo, aprenden a confiar en sí mismos.

✔ Los niños que viven con tolerancia, aprenden a ser pacientes.

✔ Los niños que reciben elogios, aprenden a apreciar a los demás.

✔ Los niños que se sienten aceptados, aprenden a amar.

✔ Los niños que reciben muestras de aprobación, aprenden a valorarse.

✔ Los niños que viven con solidaridad, aprenden a ser generosos.

✔ Los niños que viven con honestidad, aprenden a distinguir la verdad.

✔ Los niños que viven con ecuanimidad, aprenden a distinguir la justicia.

✔ Los niños que reciben muestras de amabilidad y consideración, aprenden a respetar a los demás.

✔ Los niños que viven con seguridad, aprenden a tener fe en sí mismos y en los demás.

✔ Los niños que reciben muestras de afecto, aprenden que el mundo es un lugar maravilloso y que es una suerte poder vivir en él.

"Los niños aprenden lo que viven."
Dorothy Law Nolte, maestra y experta en educación familiar

18

¡Pero si papá también lo hace!

Existen muchos estudios que analizan hasta qué punto influyen los progenitores en general, y las madres en particular, en los hábitos alimenticios de los hijos. Debes tener claro que ellos van a imitar tus conductas, así que quizás sea un buen momento para que mejores tus hábitos y empieces a comer de forma más saludable y equilibrada. Ya sé que eso puede significar un gran esfuerzo para ti y para tu pareja, pero también vosotros le estáis exigiendo un gran esfuerzo a vuestro hijo y se trata de ayudarle y ponérselo lo más fácil posible.

Algunas nociones útiles

✔ Eso no quiere decir que si odias los melocotones ahora, de la noche a la mañana, tengas que empezar a comer melocotones. Lo que sí puedes hacer, sin embargo, es empezar a tomar fruta de postre, en lugar de helado o natillas. Y poner un hermoso frutero con distintas clases de frutas en algún lugar visible de la cocina. De este modo será mucho más probable que tu hijo acabe incluyendo la fruta en su dieta con naturalidad. A veces no se trata de hacer grandes cambios, si no de prestar atención a los detalles y dejarse guiar por el sentido común.

✔ Si haces comentarios negativos sobre el peso o el aspecto de tu hijo puedes dañarle enormemente la autoestima, tanto a corto como a largo plazo.

✔ Las madres que se preocupan en exceso por el peso o que

padecen algún trastorno alimentario no suelen transmitir a sus hijos unos buenos patrones alimenticios: no les dan de comer siempre a la misma hora ni en el mismo lugar, no suelen mostrarse firmes en temas como la televisión o las chucherías y establecen con el niño una relación muy posesiva y controladora que genera conflictos.

✔ Los niños cuyos padres sufren sobrepeso u obesidad suelen tener una dieta menos saludable y un estilo de vida más sedentario

✔ Los hijos con padres muy controladores a menudo no aprenden a autorregularse, es decir, no son capaces de regular su propia ingesta de comida, y acaban comiendo en exceso o presentando algún que otro trastorno alimenticio.

✔ Los padres deben analizar cuál es su relación con la comida para no confundir sus propios problemas con los de su hijo.

✔ Márcate metas realistas y sostenibles. E intenta no ser excesivamente duro contigo mismo y así podrás adoptar una actitud más relajada y positiva.

✔ Debe separar tus propias relaciones negativas con la comida de la alimentación de tus hijos. A lo mejor no eres capaz de solucionar tus problemas con la comida, pero sí puedes ofrecer a tu pequeño un enfoque más positivo sobre su propia alimentación.

✔ No le controles en exceso ya que entonces tu pequeño no aprenderá a fiarse de las señales de hambre y saciedad que le manda su propio cuerpo. Ofrécele alternativas y de vez en cuando deja que se dé algún capricho.

✔ Si te pasas el día haciendo régimen o vigilando lo que comes, o te oyen decir continuamente que no deberías comer chocolate o pan, tus hijos se darán cuenta de que te preocupa el peso y es posible que les transmitas ese miedo.

✔ Intenta no preocuparte por lo que piensen los demás sobre la barriguita de tu hija o sobre el aspecto huesudo de tu hijo. Lo importante es que estén sanos y desarrollen una relación saludable con la comida.

✔ No hagas comparaciones entre hermanos ni tampoco

compares a tu hijo con un primo o un amiguito que lo hace mejor que él. Utilizando frases del tipo "Fíjate en tu hermano. Tiene tres años menos que tú y ya se ha acabado todas las judías verdes", difícilmente conseguirás el objetivo que te has marcado y tan solo lograrás influir negativamente en la autoestima del niño.

"El déficit de vitamina B1 es más común de lo que parece entre los jóvenes que abusan de la comida preparada y los que sufren períodos prolongados de estrés."
Vanesa Buitrago, nutricionista

19
Pues los abuelos sí me dejan

Cada vez son más los abuelos que tienen que encargarse de la educación de sus nietos, al menos durante unas horas todos los días, y que por tanto se ven obligados a desempeñar el papel que ya hicieron con sus propios hijos convirtiéndose de nuevo en educadores. Es normal que su forma de ver las cosas y la de los progenitores no siempre coincida, pero la solución no es enfadarse si no cumplen las normas a rajatabla; como casi siempre en la vida lo más sensato es sentarse a hablar y llegar a una serie de acuerdos o compromisos por ambas partes. Y ser capaz de ponerse en la piel del otro, un ejercicio que resulta muy útil e instructivo.

Por qué mis padres no me hacen caso

Muchos padres y madres se preguntan por qué a sus respectivos progenitores les cuesta tanto seguir las normas que ellos proponen. Sin embargo deberían recordar que los abuelos ya se han encargado de la educación de sus propios hijos y que:

- Es posible que piensen de otro modo porque también ellos tienen derecho a tener sus propias ideas.
- Se encuentran en un momento de su vida muy distinto al momento en que tú te encuentras y por tanto es normal que su forma de ver las cosas difiera de la tuya.
- Asumen responsabilidades propias de un padre pero en realidad se sienten como abuelos y la relación que establecen con sus nietos es la de abuelo-nieto.
- Los abuelos y los niños suelen conectar fácilmente, porque se parecen y se reconocen como iguales.
- Vivimos en una sociedad que no tiene demasiado en cuenta a la gente mayor. Al recuperar ciertas responsabilidades la gente mayor tiene la sensación de recuperan cierto control y poder, y se aferran a él porque no quieren perderlo.

Qué enfoque debes adoptar

- Si te enfadas con tus padres o tus suegros o intentas imponer tu criterio por la fuerza lo único que conseguirás es enfrentarte a ellos y crear mal ambiente. Dicha situación puede incomodar o ser contraproducente para los niños y además no servirá de nada, ya que tú no vas a estar delante para poder controlar si hacen lo que les has dicho o no.

- Es mejor que hables con ellos de forma relajada y sincera, que les expliques los motivos por los que has adoptado una actitud determinada y que les pidas por favor su colaboración. Casi siempre se consiguen más cosas por las buenas que por las malas.

- Por vuestra parte, debéis entender que los abuelos casi siempre van a ser más flexibles y permisivos que vosotros. De todos modos, debéis desdramatizar la situación, ya que los niños son perfectamente capaces de entender que las cosas funcionan de una manera en casa y de otra en casa de los abuelos.

- Es preferible dejar un par o tres de cosas claras, las que sean realmente importantes para vosotros, y dejar que el resto lo hagan a su manera, para que se sientan respetados y valorados. Te aseguro que así estarán más dispuestos a colaborar.

- Es muy importante que les reconozcas y les agradezcas su esfuerzo. Primero porque ya lo dice el refrán: "es de bien nacidos ser agradecidos". Pero luego porque realmente os están haciendo un favor y porque a todos nos gusta que nos agradezcan las cosas. Ese mero hecho hará que se muestren más receptivos ante vuestras demandas o ruegos.

> **"Los jóvenes que padecen bulimia requieren un tratamiento integral en el que debe participar un equipo de especialistas como nutricionistas, psicoanalistas y médicos o endocrinólogos, además de la familia."**
> Armando Barriguete Meléndez, pediatra

Cuarta parte

JUEGOS, ACTIVIDADES Y RECETAS

1

Doce recetas básicas para el día a día

Uno de los principales problemas con los que nos topamos casi todos los progenitores es la falta de tiempo. Por ello es importante tener en mente unas cuantas recetas fáciles de preparar que resulten sanas y equilibradas para todos.

1. Arroz a la cubana: para que resulte más sano utiliza arroz integral y prepara tú la salsa de tomate con tomate natural. Puedes preparar una buena cantidad de salsa y luego congelarla en varias fiambreras.

2. Gazpacho: se prepara fácilmente con una batidora de vaso o con un robot tipo Thermomix. Luego guárdalo en la nevera y sírvelo como entrante. En verano resulta de lo más refrescante.

3. Cremas de verdura: de calabacín, de calabaza, de varias verduras, etcétera. Son muy fáciles de preparar y en invierno sientan de maravilla. Añádele un par de quesitos, para que quede más cremosa.

4. Garbanzos con espinacas y huevo duro: puedes usar garbanzos y espinacas de pote y rehogarlos con un poco de cebolla y el huevo en una sartén.

5. Lasaña de carne picada con verduras: zanahoria, cebolla, pimiento, champiñones. Pícalo todo muy fino y méz-

clalo con la carne picada. Prepara doble ración y congela la mitad para un día que no tengas nada preparado.

6. Filete de pescado al horno con guisantes y patatas. En verano puede servirse frío con un poco de mayonesa.

7. Sopa de fideos: haz un caldo nutritivo con muchas verduras y un poco de pollo y luego prepara la sopa con unos fideos finos. A los niños suele encantarles y si un día están un poco malitos o muy cansados les sentará de maravilla.

8. Macedonia de fruta con yogur: trocea sus frutas favoritas, añade algunos trozos de una de las que no suele comer y mézclalo todo con abundante yogur natural. Guarda la macedonia en la nevera y sácala un rato antes de servirla.

9. Espinacas a la crema: la crema suaviza el sabor de las espinacas y le aporta un toque cremoso que suele gustar mucho a los niños.

10. Papilla de frutas: la misma que le preparabas a tu hijo cuando era un bebé. Aunque haya crecido puede seguir tomándola.

11. Fresas con zumo de naranja espolvoreadas con un poco de azúcar: prepáralas un rato antes y estarán deliciosas.

12. Arroz con calabacín y tomate natural sobre fondo de queso de cabra fresco: si tienes restos de arroz sofríe en una sartén unas cuantas rodajas de tomate y de calabacín y cuando estén doradas añade el arroz. Luego corta el queso en rodajas y coloca unas cuantas rodajas en cada plato. Echa por encima el arroz caliente. El queso se derretirá aportando sabor y textura al arroz.

> "Durante la infancia y la adolescencia, los hábitos dietéticos y el ejercicio físico pueden marcar la diferencia entre una vida sana y el riesgo de sufrir enfermedades en años posteriores."
> Consejo Europeo de Información sobre la Alimentación (EUFIC)

2

Algunas recetas para que coman más verduras, frutas y pescado

Quiche de espinacas

1. Pon a cocer 400 g de espinacas (pueden ser congeladas) y resérvalas

2. Unta el molde con mantequilla, para que la masa no se pegue.

3. Coloca masa de hojaldre ya descongelada sobre el molde de modo que toda la superficie quede cubierta. Pínchala con un tenedor para que no se hinche.

4. Precalienta el horno a 170°C. Mete el molde con el hojaldre unos cinco minutos, hasta que empiece a dorarse.

5. Mientras, rehoga las espinacas en una sartén con unas cuantas pasas de corinto y unos cuantos piñones.

6. Bate cuatro huevos en un cuenco grande. Incorpora las espinacas rehogadas. Añade una botella de nata líquida para cocinar. Mézclalo bien.

7. Vierte la mezcla en el molde y mete el molde en el horno. Déjalo unos 20-30 minutos. Para saber si la quiche ya está lista, pínchala en el centro con un palillo mondadientes: si sale seco y limpio es que ya está lista. Sírvela caliente y crujiente con un poco de ensalada de tomate y mozzarella.

Nota: puedes prepararlo también de calabacín y queso, de champiñones y cebolla, de alcachofas y jamón york, etc.

Pastel de pescado

1. Pon en una sartén honda una cucharada de aceite y añade 1 bote de tomate triturado o 4 tomates naturales, pelados y troceados. Deja que se cueza a fuego lento, unos 15-20 minutos. Resérvalo.

2. Precalienta el horno a 190°C.

3. Pon a cocer en una cacerola con un poco de agua y una hoja de laurel, 500 g de pescado blanco, sin espinas y sin piel (puede ser congelado).

4. Mientras, pon dos cucharadas de aceite en una sartén y saltea las dos cebollas, cortadas en rodajas o picada fina, según prefieras, a fuego medio; no dejes de removerla, para que no se pegue.

5. Desmenuza el pescado separando las espinitas que puedan quedar (recuerda que la mayoría de niños odian las espinas).

6. Incorpora al pescado dos tazas de tomate frito y cuatro huevos batidos (el tomate tiene que estar frito porque de lo contrario los huevos se cuajan).

7. Mete la mezcla en una fuente honda y bátelo bien. Rectifica de sal.

8. Engrasa un molde para horno con un poco de mantequilla o de aceite de oliva y vierte en él la mezcla ya batida.

9. Ponla a cocer en el horno, al baño maría, durante unos 30 minutos. Tapa el recipiente con un trozo de papel de aluminio o de film transparente, para que no le entre agua.

10. Para saber si el pastel está listo, pínchalo con un palillo y asegúrate de que sale limpio y seco.

11. Sírvelo caliente en invierno, con unos cuantos guisantes hervidos, y frío en verano, con un poco de mayonesa o con una ensalada.

Lentejas rápidas

1. Mete en una olla las lentejas crudas (del tipo pardina), una cebolla partida por la mitad, un trozo de chorizo cortado en rodajas, un trozo de tocino y una hoja de laurel. Añade agua; el agua debe quedar uno o dos dedos por encima de los condimentos.

2. Ponlo a calentar a fuego medio.

3. Añade una patata mediana troceada, un par o tres de zanahorias cortadas en rodajas y un trozo de pimiento rojo cortado en tiras.

4. Cuando ya estén cocidas, mete en la batidora un poco del caldo con la mitad de la zanahoria y del pimiento y un poco de cebolla. Bátelo hasta que quede completamente triturado e incorpóralo al guiso. De este modo incluso los que se nieguen a comer trozos de zanahoria y pimiento estarán tomando su ración de verdura mezclada con el caldo. Y además quedan sabrosísimas.

Horneado de verduras

1. Lava y corta en rodajas de un dedo de grosor 2 berenjenas, 2 calabacines y 4 zanahorias.

2. Pon a hervir agua y echa las berenjenas y las zanahorias. Cuando lleven 3 minutos, incorpora los calabacines. Deja las verduras otros 2 minutos.

3. Saca las verduras con una espumadera y déjalas sobre

un trozo de papel de cocina absorbente, para que se escurran.

4. Engrasa una fuente con un poco de aceite de oliva. Coloca una capa de berenjenas. Sálalas ligeramente y espolvoréalas con queso rallado (parmesano o de tu preferido)

5. Añade una capa de zanahorias y vuelve a salar. Espolvoréala con queso rallado.

6. Coloca la capa de calabacín, sálala y espolvoréala también con queso rallado.

7. Finalmente coloca una capa de rodajas de tomates cortadas finas, añade un chorrito de aceite de oliva, un poco de sal y el queso rallado.

8. Precaliente el horno a 180-200°C. Meta la fuente en el horno durante 15 minutos. Gratínalo otros cinco minutos antes de servirlo.

Hamburguesas vegetales

1. En un recipiente mete 1 taza de garbanzos cocidos, 1 taza mediana de arroz muy cocido y bien escurrido, 1 taza mediana de verduras picadas muy finas (zanahoria, pimiento, calabacín, etc) y una cucharada de perejil picado. Amásalo todo bien, hasta que quede una masa uniforme y espesa. Si fuera necesario puedes añadir 1 o 2 cucharadas de pan rallado para que espese más.

2. Mójate las manos para que no se te pegue la masa, coge porciones de la mezcla y forma bolas con las manos. Luego aplánalas y dales forma de hamburguesa.

3. Cocina las hamburguesas a la plancha con un poco de acei-

te de oliva. Acompáñalas con una rodaja de tomate natural y una hoja de lechuga.

Ensalada de pasta (versión caliente)

1. Cuece la pasta (macarrones, lacitos, etc) en una olla con agua, sal y un chorrito de aceite. Luego escúrrela bien.
2. Corta en dados dos calabacines y dos zanahorias. Y en tiras un trozo de pimiento verde y un trozo de pimiento rojo. Corta unos cuantos champiñones en rodajas.
3. Sofríe todas las verduras en una sartén. Cuando estén en su punto añádelas a la pasta. Si quieres puedes espolvorearla con un poco de queso rallado.

Ensalada de pasta (versión fría)

1. Cuece la pasta como en la receta anterior y déjala enfriar.
2. Corta en dados un par de tomates y medio pepino. Añádelos a la pasta junto con media lata de maíz dulce. Mézclalo bien.
3. Puedes añadirle una lata de atún o un poco de queso y un par de nueces troceadas. También puedes añadirle un poco de su salsa favorita.

Yogur con compota de fruta

1. Pela y trocea 2 manzanas, 2 peras y 1 melocotón (también puedes usar otras frutas). Métalas en una cacuela con un dedo de agua y un trozo de corteza de limón.
2. Pon la cacuela a fuego lento vigilando que no se queme; si fuera necesario puedes añadir un poco más de agua, pero muy lentamente ya que la compota no debe quedar acuosa.

3. Cuando la fruta esté blanda, retira la cacerola del fuego.

4. Pon dos yogures naturales y 2 cucharaditas de azúcar moreno en el vaso de la batidora y bátelos bien.

5. Reparte la compota de fruta entre varias copas y vierte por encima un poco de yogur batido. Mete las copas en la nevera.

6. Saca las copas de la nevera un rato antes de servirlas. Puedes decorarlas con fideos de chocolate o con un barquillo.

"Para obtener la variedad de nutrientes, vitaminas y minerales que emplea el cerebro en sus distintas funciones, el niño debe obtener una alimentación variada y equilibrada. La clave es comer de todo y realizar 4 o 5 comidas al día."
Isabel Zamarrón, especialista en nutrición del hospital Ramón y Cajal de Madrid

3

Algunas actividades para fomentar una buena alimentación

A continuación encontrarás algunas propuestas e ideas para que puedas trasmitir a tu hijo algunas nociones básicas sobre alimentación y nutrición, y familiarizarle con unos buenos hábitos alimenticios.

1. Deditos de colores

Dile a tu hijo que coloque la palma abierta sobre una hoja de papel en blanco o un trozo de cartulina. Con un rotulador gordo resigue su mano; si tienes más de un hijo deja que se la resigan el uno al otro. Anota el nombre de cada hijo junto a su mano. Luego cuelga las manos en el nevera con un imán. Explica a tu hijo que cada vez que se coma una fruta o una verdura deberá colorear uno de los dedos del color de esa fruta o verdura. Así, si por la mañana se toma un zumo de naranja, debe colorear uno de los dedos de ese color. Si después de comer se toma una rodaja de sandía, coloreará otro dedo rojo. Al final del día, pídele que coja su mano y que compruebe si tiene todos los dedos coloreados. Explícale también que cuantos más colores tenga la mano, mejor estará su cuerpo.

2. La lista de la compra

Cuando te sientes a hacer la lista de la compra, ofrece un lápiz a tu pequeño y deja que garabatee en una hoja. Cuando esté aprendiendo a escribir, pídele que confeccione su propia lista con los alimentos que más le gusten: leche, plátano, pera. Cuando sea más mayorcito deja que la confeccione directamente él con tu ayuda. Pídele que compruebe si se ha terminado eso o lo otro, o si queda poco. Aprovecha para enseñarle a diferenciar lo que es básico de los caprichos. Con el tiempo podrás poner una hoja en blanco en la nevera y enseñarle a anotar cualquier cosa que se termine en ella.

3. El menú del día

Deja que tu hijo planee la cena una vez al mes. Puede dibujar un plato con la comida y confeccionar el menú del día. Si elige hamburguesa con patatas fritas, enséñale a preparar unos filetes rusos caseros y a cortar las patatas para luego freírlas. Intenta que incorpore una rodaja de tomate y una hoja de lechuga en la hamburguesa y que incluya algo de fruta en el postre. No puede repetir menú, de modo que el mes siguiente deberá ampliar sus horizontes y pensar en algo más original. Cuando os sentéis a comer coloca el menú en el centro o al lado de cada comensal, para que se sienta satisfecho de sí mismo e implicado en el evento.

4. El juego de las etiquetas

Pide a tu hijo que saque del armario o la despensa 10 alimentos distintos: unos cereales, unas galletas, un pote de garbanzos cocidos, un zumo, un paquete de arroz blanco, otro de arroz integral, etcétera. Pídele que los ordene de más a menos salado sin mirar las etiquetas nutricionales. Luego pídele que compruebe cuánta sal tiene realmente cada alimento por cada 100g y ayúdale a reorganizar los productos.

Pídele que haga lo mismo con el azúcar, la grasa y la fibra. Aprovecha la ocasión para contarle lo que hace cada uno de esos alimentos por el cuerpo y en qué cantidad son saludables.

5. La casita de Hansel y Gretel

Los niños deben ver la comida, sobre todo la que es saludable, de forma positiva, así que anima a tus hijos a divertirse con ella. Enséñales a confeccionar una cara con unas rodajas de kiwi, unas uvas y un gajo de mandarina, o a confeccionar una hermosa casa como la que se encuentran en el cuento Hansel y Gretel. Pueden empezar preparando algo en un plato individual y luego comiéndoselo. A medida que vayan perfeccionando la técnica pueden atreverse con creaciones más ambiciosas para toda la familia.

6. Una de rabanitos

Los rábanos son muy fáciles de cultivar, crecen muy rápidamente y el resultado suele ser espectacular. No hace falta que tengas un jardín o una gran terraza. Bastará con poner una maceta mediana en una ventana soleada. Consigue unas semillas de rábanos y enseña a tu hijo a plantarlas. Deja que se a él quien lo haga. Explícale que debe encargarse de cuidar la planta: enséñale a regarla y explícale cada cuando debe hacerlo. Cuando esté listo, enséñale a arrancarlo e incorpóralo a la ensalada. Mientras lo prueba recuérdale que es el rábano que él ha plantado.

7. Un collage con mucha sustancia

Dibuja en una cartulina algún dibujo sencillo o una forma abs-

tracta. Coloca en unos cuencos distintos alimentos crudos,
tales como lentejas, fideos finos, arroz, judías pintas, etcétera. Pon un poco de cola blanca en una zona del dibujo y dile
que pegue uno de los alimentos encima; luego pídele que
encole otra parte y pegue encima otro de los alimentos. Dile
que siga así hasta tener toda la superficie cubierta. Luego
cuelga el collage en su habitación, en un lugar bien visible.

8. Cata a ciegas

Venda los ojos a tu hijo y dile que vas a darle a probar distintos alimentos. Explícale que le vendas los ojos para que

pueda concentrarse en su sabor y apreciar todos los matices. No le ofrezcas alimentos que sabes que odia. Anímale a hablar de su sabor y textura; intenta que distinga el frescor y el sabor intenso de los alimentos frescos y naturales. Puedes aprovechar para introducir algún sabor nuevo.

9. Nos vamos al mercado

Organiza un mercado en casa. Prepara dos o tres puestos: uno de frutas y verduras, otro de ultramarinos, etcétera. Intenta que sea muy realista: usa bolsas, alimentos de verdad o de plástico, dinero de broma, etcétera. Enséñales a vender y a comprar por turnos. Si tienes una báscula de cocina o juguete, y una máquina registradora de juguete, utilízalas. Se lo pasarán pipa. Luego, cuando vayáis de compras al mercado de verdad o al supermercado, deja que te ayuden. En la sección de las frutas y las verduras, aprovecha para ampliar su vocabulario: "A ver si encuentras una berenjena; y un aguacate; y una chirimoya". Si está familiarizado con los alimentos le resultará menos raro encontrárselos en el plato.

> "Mantener una actitud firme y marcar los límites es la clave para enseñar a los niños a comer bien y a comportarse en la mesa."
>
> Silvia Álava, psicóloga

1001 ideas para cuidar al bebé
Susan Benjamin

Ser padres es una aventura extraordinaria. Pero la falta de experiencia inunda a los progenitores de dudas y temores que muchas veces complican la maravillosa tarea de criar un hijo. Para responder a todas esas inquietudes la psicóloga Susan Benjamin recoge los temas que más preocupan a los padres y, apoyándose en los comentarios de expertos en la materia, desarrolla un libro que aporta soluciones prácticas y consejos clave en los primeros años del niño.

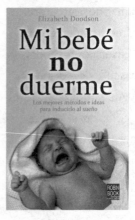

Mi bebé no duerme
Elizabeth Doodson

«¿Qué puedo hacer para que el bebé duerma y me deje dormir?» Esta es sin duda la pregunta que atenaza a muchas madres y padres durante los primeros meses del bebé. Pues bien, para responder a esta pregunta la psicóloga Elizabeth Doodson ha recopilado los consejos de terapeutas, pediatras, psicólogos y especialistas en materia del sueño infantil y ha añadido las nociones básicas que todo padre debe conocer al respecto.

Cómo estimular al bebé
Anne Chatelain

Tener un hijo es una aventura extraordinaria, una suerte de amor que hace aflorar éste y otros sentimientos y que nos acompaña en este viaje conjunto. Pero junto a ello también asalta a los padres la necesidad de procurarle al recién nacido un entorno saludable que le posibilite crecer y desarrollarse en plenitud.

Este libro trata de ofrecer las pautas imprescindibles para que en estos primeros meses los padres sean capaces de ofrecer a su hijo los estímulos más adecuados para cada época de su crecimiento, tanto en el plano físico como en el intelectual.